教育发现

严育洪——著

数学

可以这样教

Mathematics
It can be taught in this way

小学数学任务驱动式教学
的组织样态

山东文艺出版社

图书在版编目（CIP）数据

数学可以这样教 / 严育洪著. —济南：山东文艺
出版社，2021.3
ISBN 978－7－5329－6295－2

Ⅰ.①数… Ⅱ.①严… Ⅲ.①小学数学课—教学研究
Ⅳ.①G623.502

中国版本图书馆 CIP 数据核字(2021)第 027465 号

数学可以这样教

小学数学任务驱动式教学的组织样态

严育洪　著

主管单位	山东出版传媒股份有限公司	
出版发行	山东文艺出版社	
社　　址	山东省济南市英雄山路 189 号	
邮　　编	250002	
网　　址	www.sdwypress.com	
读者服务	0531－82098776（总编室）	
	0531－82098775（市场营销部）	
电子邮箱	sdwy@sdpress.com.cn	
印　　刷	山东新华印务有限公司	
开　　本	700 毫米×1000 毫米　1/16	
印　　张	15.5	
字　　数	220 千	
版　　次	2021 年 3 月第 1 版	
印　　次	2021 年 3 月第 1 次印刷	
书　　号	ISBN 978－7－5329－6295－2	
定　　价	45.00 元	

前 言

2017年1月，国务院印发了《国家教育事业发展"十三五"规划》，在第三部分"改革创新驱动教育发展"中明确指出：推动合作探究式学习，倡导任务驱动学习，提高学生分析解决问题的能力。在此，"倡导任务驱动学习"作为全科教学改革方向首次被写入国家文件中。

2017年9月，教育部部长陈宝生在《人民日报》撰文提出：深化基础教育人才培养模式改革，掀起"课堂革命"，努力培养学生的创新精神和实践能力。任务驱动学习，就是实现"课堂革命"的一种探索。

2017年11月，在第四届全国基础教育课程教学改革研讨会上，专家认为，学科课程要求教师帮助学生养成核心素养，在这个过程中需要教师改变教学方式。华东师范大学教授杨向东对教师的教学设计提出三点建议：一是超越课例设计，开发促进核心素养发展的单元案例；二是创设整合性的、真实的现实情境或主题；三是强调任务或问题驱动的深度学习过程。

2018年3月，北京师范大学教授刘坚在《人工智能时代的到来，我们该如何学习?》报告中提出，指向核心素养的教育才有更加长远强大的生命力，具体到指向核心素养的数学教育，它更加强调课程内容与变化的世界密切联系，更加强调任务驱动学习和跨学科的主题学习，更加注重经历与体验，注重高层次能力，注重独立思考，注重批判性思考。从中我们不难发现，任务驱动已被看作实现素养提升的教学指向。

任务驱动是一种建立在建构主义教学理论基础上的教学法，它要求任务的目标性和教学情境的创建，使学生带着真实的任务在探索中学习。在教学过程中，学生在教师的帮助下，紧紧围绕一个共同的任务活动中心，在强烈的问题动机的驱动下，通过对学习资源积极主动的应用，进行自主探索和互动协作学习，在完成实际任务的过程中完成知识的学习，发展认知和处理问题的能力。

2015 年，笔者开始主持江苏省教育科学"十二五"规划课题"任务驱动在小学数学教学中的应用研究"；2016 年 7 月 13 日，《中国教师报》在《现代课堂·样本》栏目"发现原创教学成果"专题中整版刊发了《营造任务驱动式课堂》，课题研究文章在《中国教师报》2017 年 1 月至 4 月分 10 期连载，还在《中小学教师培训》《江苏教育》《江西教育》《辽宁教育》《教学月刊》《小学数学教育》等各大刊物上发表；2017 年 5 月，由山东文艺出版社出版了课题研究专著《让学习真正发生》，本书被列入河南省郑州市教师阅读推荐书目，课题研究视频被选作江苏省常熟市小学数学教师全员培训内容，课题经验在山东、安徽、河南、广东、内蒙古等地做宣讲。

然而，历时三年的课题研究，虽然完成了可行性研究以及任务设计的初步研究，但研究还更多地局限于课堂教学之中，缺乏跳出课堂范围的学生全景式学习的研究，任务设计的方式还比较单一，还需要优化设计，还需要研究是否可以与当下学科跨界、STEM 教育、项目学习等教育热点融合。此外，研究更多地还是关注教师的教，缺乏对学生学习心理的研究，缺乏最终从学生数学学习力上考查任务驱动的成效。

由此，2018 年笔者又申报了江苏省教育科学"十三五"规划课题"任务驱动下提升小学生数学学习力的实践研究"，从学的角度进一步研究用任务驱动学习理念提升学生学习力的策略和方法，以此提高学生数学学习的核心素养和关键能力。

　　许多教师和家长都希望孩子学习能够像玩游戏那样上瘾，那样的话，不可能学习不好。纽约大学商学院副教授亚当·奥尔特在《欲罢不能》中指出，行为上瘾必备六种要素：诱人的目标，无法抵挡且无法预知的积极反馈，渐进改善的感觉，越来越困难的任务，需要解决却又暂未解决的紧张感，强大的社会联系。在本书所研究的用任务驱动学习中，"五大核心要素"大致对应着上述六种要素。《目标指引：让学生清楚地看到学习的前途》努力给学生"诱人的目标"，培养学生的选择力。所谓选择力，是指对外部环境保持高度敏感，善于收集最新资讯，整合资源，明确方向。《能力挑战：学生学习在"任重"中"道远"》努力给学生"越来越困难的任务"和"需要解决却又暂未解决的紧张感"，培养学生的战斗力。所谓战斗力，是指克服困难、完成任务的能力。《真实场景：让学生的学习有"真情"与"实感"》努力给学生"强大的社会联系"，培养学生的沟通力。所谓沟通力，是指能够将自己的诉求、愿望和情绪准确地表达，并得到相应反馈的能力。《省察反思：让学生踏实而坚定地走在学习之路上》努力给学生"无法抵挡的积极反馈"，培养学生的自知力。所谓自知力，是指一个人的自我觉察能力。《仪式感召：给学生值得铭记的时刻和故事》努力给学生"渐进改善的感觉"，培养学生的成长力。所谓成长力，是指一个人持续成长的动机和能量。

　　同时，在本书所研究的用任务驱动学习中，"五大任务"大致对应着学生的五大核心素养：《疑案追踪：让学生像侦探一样破解知识之谜》侧重培养学生的探究能力，《创造设计：把学习空间打造成知识研发中心》侧重培养学生的创造能力，《项目研究：致力培养学生实践智慧》侧重培养学生的合作能力，《材料分析：培养学生的阅读理解力》侧重培养学生的分析能力，《情景表演：展现学生数学学习的表现力》侧重培养学生的表现能力。

总而言之，不管如何，用任务驱动学习最终是为了让学习真正发生！可喜的是，我们所做的课题研究获锡山区第二届教育教学成果培育项目特等奖、无锡市第十四届哲学社会科学优秀成果二等奖、第三届无锡市教育科学研究精品课题特等奖和第四届江苏省教育科学规划精品课题，研究成果入选第四届中国教育创新成果公益博览会。但愿本书的研究内容能给各位老师提供帮助。如果您阅读本书后有什么意见或建议，请把相关想法发至我的电子信箱 13861472533@139.com 或 646963648@qq.com，一起探讨，谢谢！

严育洪

2019 年 9 月于无锡

目　录

第三章 任务驱动学习的教学设计举例

第一章

任务驱动学习的几个技术核心

目标指引：
让学生清楚地看到学习的前途

努力分为两种，盲目努力和精准努力。精准努力就是有目标的努力。村上春树说，所谓努力，指的是主动而有目的的活动。在组织中，有了目标才能使环境中的其他事物有意义，目标是使所有事物统一起来的原则。

学生学习，目标也应该排在技巧和方法前面，开始学习之前同样要先弄清楚"我是谁，我从哪儿来，我要去哪儿"。曾有人这样说："老师这个职业吧，文明点说，就是每天带着学生在知识的海洋里畅游。然而畅游一段时间你会发现，只有一个人上岸了！然后你还得返回，一个一个地去捞。有些吧，昨天捞上来今天又掉下去了，还得捞。在你喘息的时候，会惊恐地发现：还有往回游的！"学生之所以会这样，可能是缺乏前进的动力，也可能是缺乏前进的目标，不知道该往哪儿去。

有了目标，学生也就有了期望，学习也就有了希望。根据心理学的希望理论，我们首先将自己的目标概念化。用任务驱动学习，任务就可以很好地将目标概念化并可视化。有效的动力来自给目标赋予价值，并相信自己，相信自己所做的计划是有意义的，相信自己每个具体的行为都更接近所期望的目标，相信自己有足够的执行力，相信自己在实际的行动中能保持积极性，并最终实现目标。

由此可见，盲目学习和有条理学习的区别就在于，是否知道自己想要的是什么；主动学习和被动学习的差别就是，是不是付出自己全部的努力。当知道自己想要的是什么之后，学生就会付出全部的努力，也就能够主动学习。

一、目标导向下的教师指导方式

目标有导向作用，管理学者研究发现，目标是快乐工作的强大驱动力。安德鲁·卡耐基说："如果你想要快乐，就设定一个目标，这个目标要能指挥你的思想，释放你的能量，激发你的希望。"Facebook 创始人扎克伯格在哈佛大学 2017 届学生毕业典礼上演讲时也说："目标是我们意识到我们是比自己更大的东西的一部分，是我们被需要的、我们需要更为之努力的东西。目标能创造真正的快乐。我们不仅要发现目标，更要有目标感。"然而，遗憾的是，在教学中，我们常常未能很好地发挥目标的导向作用，学习缺少目标感和快乐感。那么，目标导向下的教师指导方式是怎样的呢？

1. "牵""领""推"——没有目标的学习

综观教师对学生学习的作用方式，可分为以下几种：第一种是"牵"——妹妹你坐船头，哥哥在岸上走；第二种是"领"——跟我走吧，天亮就出发；第三种是"推"——妹妹你大胆地往前走，莫回头。

可以说，第二种教师"领着走"的学习要胜过第一种教师"牵着走"的学习，至少学生能自己走，但这种亦步亦趋的目标并非真正的长远目标，本质上仍然是被动学习。在学生眼里，教师似乎就是目标，教师所到之处就是自己要到达的目的地，此时，学生不需要考虑走的方向，只需要考虑自己该怎样走到那里。

那么第三种"推着走"的学习是否就一定是自主学习了呢？我认为，未必。正如作家迟子建在《额尔古纳河右岸》中所说，没有路的时候，我们会迷路；路多了的时候，我们也会迷路，因为我们不知道该到哪里去。"推着走"的学习是给了学生走的自由，但学生可能会"迷路"，因为学生"不知道该到哪里去"，也就是学习缺少明确的目标。法国人文主义思想家蒙田说，没有一定的目标，智慧就会丧失；哪儿都是目标，哪儿就都没有目标。黎巴嫩诗人纪伯伦也说，具有许多目标的人，是离达到目标最远的人。没有目标或全是目标只会让学生的学习漫无目的地"瞎转悠"，此时，谈何自主学习?! 由此可见，自主学习不等于自由学习。

德国文艺理论家莱辛说，走得最慢的人，只要他不丧失目标，也比漫无目的地徘徊的人走得快。目标对学生自主学习的重要性不言而喻，允许走得慢，但不能丧失目标，丧失目标也就失去了方向，失去了方向就会失去自己。

2."指"——有目标的学习

什么才是最好的教育？不是给人看最好的景色，而是给人可以为之努力的目标。英文单词"nowhere"有两种拆分方法：一是拆成"no where（哪里都没有）"，二是拆成"now here（就在此处）"。任务驱动学习中的目标，不能是"no where"，让学生看不到，而要能够"now here"，让学生清楚地看到。科学研究表明，当人接受能够激发积极感受和美好未来愿景的培训时，大脑中与副交感神经系统相关的部分会被激活，使人思维更趋理性，精力更加充沛，能够更好地管理情绪，为未来做更充分的准备。

我认为，在目标导向下，教师对学生的学习还可以有第四种作用方式，那就是"指"——牧童遥指杏花村。这样的形容如爱尔兰剧作家萧伯纳所说："我不是你的教师，只是你的一个旅伴而已。你向我问路，我指向我们俩的前方。"教师的这种"指"导，既给了学生行走的自由，又给学生指明了前进的目标。

"遥指"还表明这样的目标应该具有挑战性。纪伯伦说得好，长久盯着近处的小画面，就难以观看远处的大画面。心理学家奥苏贝尔也认为，教师的职责是使学生对认知本身感兴趣，最好的办法是让新的学习内容与学生认知结构之间有适当的距离，这对引起认知驱力最为有效。

日本学者佐藤学在论述"教学内容与学习者之间的关系"时，提到"阶梯型""登山型"两种不同的课程编制模式。我认为，任务驱动学习可以让"阶梯型"的组织流程"目标、达成、评价"与"登山型"的组织流程"主题、探求、表现"实现优势互补，整合为"主题目标、探求达成、表现评价"的组织流程。在任务驱动学习中，尽管教师给学生指明了学习目标，但并没有给学生指明拾级而上的"阶梯"，而只是给学生指明了学习方向，"登山"可以有很多种途径和方式，这样的学习"任更重"。当然，我们也可以根据实际情况将"阶梯型""登山型"结合，先给学生搭建"阶梯"，将他们带到"半山腰"，然后让他们用自己的方式朝着目标完成登顶任务。

在传统教学中，多见的是"教师盯着知识，学生盯着教师"这样一种状态，学生直接面对的是教师——围着教师"跟转"，学生仅在原本属于自己的学习活动的"外围"见"师"行事——教师怎么教学生就怎么学，被教师牵扶着走，也就是学生跟着教师学习（如图1）。而在任务驱动教学中，变成了"学生盯着任务，教师盯着学生"的状态，学生直接面对的是任务——围着任务"自转"，教师则在原本就属于学生的学习活动的"外围"见"生"行事——学生怎么学教师就怎么教，起着指引和推动作用，也就是教师从学生那里学教书（如图2）。

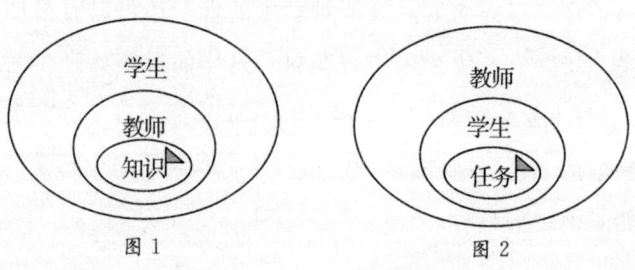

图1   图2

二、目标导向下的任务设计要求

不过，有了目标还不行，要让学生能够"咬定青山不放松"，目标必须有足够大的吸引力，强劲的吸引力才会对学生产生强劲的驱动力，驱使学生一如既往地学习。所以，教师"指"向的目标应该是学生需要的、向往的甚至是渴望的，这样的目标应该有别于我们常说的条文化、纲要化和抽象化的一般教学目标，它是能让学生看到包含着内容、结果和价值的任务活动，学生不仅能看到学习之后的前景，还能看到学习之后的收益。

1. 任务目标应能为学生"导学"

传统课堂的教学目标一般只有教师知道，并且很多情况下只是在备课本上写写而已，一般不会转化为学习目标告知学生。不过，现在出现了"目标导向教学法"，例如教学"梯形面积的计算"时，许多教师会这样引导学生确立学习目标："看了课题，你们想知道什么？"学生纷纷回答："想知道怎样计算梯形的面积。""想知道怎样推导梯形面积的计算公式。"……到课尾总结的时候，我们可以一改"这节课学习了什么"或"这节课你有什么收获"的传统做法，对照课前确定的学习目标进行学习回顾和学习检测，这样就呈现出一种前后呼应的课堂格局。

2. 任务目标应能使学生"强学"

在实际教学中，如同上述课例那样，教师大都会在课始就出示课题，让学生根据课题围绕"是什么""为什么""怎么样"等几个方面提出问题，据此确定学习目标。然而，有时候这样的目标导学也会有"副作用"甚至"负作用"，例如教学苏教版五年级上册《用——列举的策略解决问题》一课，学生看了课题虽然能够提出"什么是一一列举?""为什么要一一列举?""怎样一一列举?"等以问题形式呈现的学习目标，但"用一一列举的策略解决问题"这一课题没有悬念地过早出示，却简化和弱化了学生的思维，跳过了"怎么想到这一策略的?"这一关键性问题，也就

是学生在面对具体例题（如图 3）的时候，心中已经知道用一一列举的策略来解决这一问题，而无须

图 3

进行策略的寻找、尝试、判断与选择，这不符合策略教学的本意，策略的揭示需要学生自己去感悟。

由此可见，策略教学依然需要教学策略。那么，有没有更好的目标设计既可以导学又可以避免上述问题呢?我认为，任务驱动学习可以解决这一问题。

上述《用一一列举的策略解决问题》一课可以直接用例题作为任务来驱动学生学习，因为例题中的情景在生活中真实存在，是一个实际问题。

学生对任务处理的程度不同，可能会获得不同的思想认识。曹冲称象，阿基米德从洗澡想到鉴定王冠有没有掺假的方法，在今天看来，他们都运用了浮力原理，但二者的区别在于，曹冲只是用科学的方法解决了现实中的一道难题，而阿基米德则是由此发现了一个重大的科学原理。由此，教学《用一一列举的策略解决问题》一课，教师也可以再向前跨一步，引导学生从列举的一部分结果中发现"周长相等的长方形，长与宽越接近，面积越大"的规律，如果能够这样，就不仅仅解决了问题，还获得了一个重大发现。

3. 任务目标应能让学生"用学"

任务驱动学习是一种建立在建构主义教学理论基础上的教学法。建

构主义教学设计原理强调：学生的学习活动必须与大的任务或问题相结合，让学生在真实的教学情境中带着任务学习，以探索问题的解决方法来驱动和维持学习者学习的兴趣和动机，在完成实际任务的过程中完成知识的学习任务，并从中发展认知能力和处理问题的能力。从中我们可以发现，"任务驱动学习"或"带着任务学习"中所说的"任务"指的是"实际任务"，有别于我们常说的"知识的学习任务"。

上述课例中，"围面积最大的长方形花圃"就是一个实际任务，它有别于"围面积最大的长方形"的知识任务，因为"围面积最大的长方形花圃"与"围面积最大的长方形"相比，还体现了知识"为了什么"的学习价值，前者首先是一个生活问题，而后者已经是一个数学问题了。知识管理畅销书《好好学习——个人知识管理精进指南》的作者成甲认为，知识就是能改变行动的信息。如果一个信息无法改变你的行动，那算不得知识。可以说，"围面积最大的长方形花圃"是知道"围面积最大的长方形"之后的行动，或者说是一种行为改变。

由此可见，"任务驱动学习"中所说的"任务"既是一种情境，也是一种活动，还是一种目标，学生要完成"围面积最大的长方形花圃"这一生活实际任务，就必须完成"围面积最大的长方形"这一数学知识的学习任务，在发展认知能力的同时提高处理问题的能力。

任务目标有别于教学目标的情形还有很多。又如《3 的倍数的特征》一课，有一位教师设计了通过听学生计数器上算珠落下的声音来判断学生所拨出的数是不是 3 的倍数的情境，学生在惊奇中会产生这样的疑惑："这怎么可能呢？老师真的有听音辨数的特异功能？"这一疑惑就可以成为驱动学生学习的任务，并成为任务目标引导学生探究。任务的表达来自学生最真实、最原始的反应，这有别于常规的"怎样判断一个数是不是 3 的倍数"的数学语言和知识目标的表达形式。当然，进入数学学习之后，学生会发现"老师真的有听音辨数的特异功能"。这一疑惑也就是

图 4

"怎样判断一个数是不是 3 的倍数?"这一数学问题。

再如在上《一一间隔规律》一课的时候,我戴了一条由彩色纸球——间隔做成的"项链"走入教室(如图 4),一下子吸引了学生的目光,他们都很惊奇:"严老师,您为什么今天戴着项链来上课呀?"于是,解开谜底就成了学生探究的任务。这一任务并没以数学的面孔呈现,当然,对它的探究最终会自然连接到对数学的探究上。

作为任务的目标,不仅可以是学习前和学习中的目标,也可以是学习后的目标,不仅可以导向知识的发现,还可以导向知识的应用,所以任务目标的设置可以在课中也可以在课后,可以在课内也可以在课外。例如"测量旗杆的高度"表面上是一个活动任务,但在不能爬上去测量、不能放下来测量等各种条件的限制下,学生最终会选择用比和比例知识来解决,利用竹竿或人的影长来求解。

4. 任务目标应能教学生"想学"

法国作家圣埃克苏佩里在《小王子》中说:"如果你想造一艘船,不要鼓励人们去伐木,不要去分配工作、去施号发令。你应该做的是,教会人们去渴望大海的宽广无边和高深莫测。"如果把我们平常说的知识目标比作"一艘船",那么在任务驱动学习中,我们可以不直接把"造一艘船"设置为目标,而是看得更远一些,把"大海"设置为目标,也就是把"造一艘船为了什么"作为终极目标,然后用"大海的宽广无边和高深莫测(最终也就是知识的宽广无边和高深莫测)"来吸引学生,这样的大目标和大任务就把"造一艘船"的知识目标和知识任务包容其中,这样的教学格局也就变得大了。

例如《3的倍数的特征》一课，一位教师设计了一个"学生出数考老师"的互动比试任务："快速判断一个数是不是3的倍数。"学生出的数越来越大，但教师总能轻松自如地正确判断，引发了学生"老师是怎么判断的"的疑问。在这一任务活动中，教师并没有直接让学生去"造一艘船"——直接探究3的倍数的特征，而是给学生展示了"大海的宽广无边和高深莫测"——掌握3的倍数的特征后的潇洒自如，于是学生便有了学习"3的倍数的特征"和掌握一些快速判断技巧的渴望。

三、目标导向下的任务课堂形态

目标导向下的任务课堂不同于传统课堂，它是一种以终为始的前后呼应的圆通式教学结构，它还能以任务目标为中心，起到"牵一发而动全身"的作用，最大限度地拓展学生的学习空间，甚至把课内与课外、校内与校外、科内与科外贯通在一起，促进学生的自主学习设计。

1. 确立任务目标有助于实现学习的自主设计

什么是自主学习？美国密执安大学的宾特里奇教授认为，自主学习是一种主动的、建构性的学习过程，在这个过程中，学习者首先为自己确定学习目标，然后监视、调节、控制由目标和情境特征引导和约束的认知、动机和行为。

（1）学习的自主设计首先要解决"为什么学"的问题

当今美国著名的自主学习研究者齐莫曼提出了一个系统的自主学习研究框架，包括"为什么学""如何学""何时学""学什么""在哪里学""与谁一起学"六个方面，这个自主学习研究框架为学习者提供了自主学习判断的理论依据。任务驱动学习，教师为学生确立的任务目标主要解决了"为什么学"（包括"因为什么学"和"为了什么学"）这一首要问

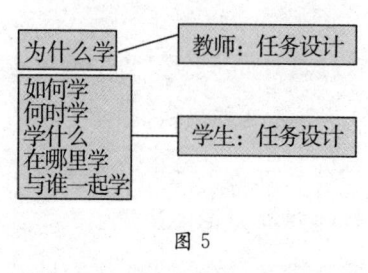

图 5

题，让学生产生学习需要，进而产生学习动机，之后，教师就可以指导学生制订"如何学""何时学""学什么""在哪里学""与谁一起学"等学习计划（如图 5）。计划就是为了实现目标而寻找资源的一系列行动。当学生在讨论计划时，就是在讨论怎样才能为目标配上资源。

这也就是把尼斯所说的"数学教师在设计教学时需要思考三个问题：一是合理性问题（为什么要学），二是可能性问题（是否可能），三是可行性问题（如何实施）"，即原本教师想的设计问题，变成了学生学的决策过程——学生制订"如何学""何时学""学什么""在哪里学""与谁一起学"的学习计划，也就是学生在做决定。

自主设计学习的做决定也是一件颇费心思的事情，所以，在整体体验上，任务的完成是"艰难的乐趣"，它能让大脑过滤掉分心的事物，集中精力于手头的任务。任务也是"自决理论"（人通过自己选择的行为，才能达成最大的绩效）的体现，诉求是学生成为更好自我的内在渴望。

（2）学习的自主设计应该遵循科学的思考方式

成甲在《黄金思维圈：迅速看透问题本质的利器》中将我们看问题的方式分为三个层面（如图 6）：第一个层面是 what 层面，也就是事情的表

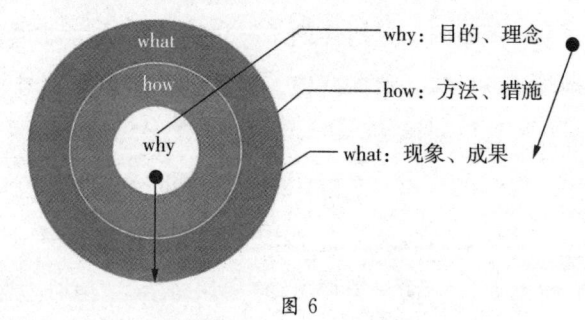

图 6

象，是我们具体做的每一件事；第二个层面是 how 层面，也就是我们如何做到我们想要做的事情；第三个层面是 why 层面，也就是我们为什么

做这样的事情。"绝大多数人思考问题的时候，是从 what 的角度出发。很少有人能够从 how 的角度去思考问题。而站在 why 的角度思考问题的人，就更是少之又少了。"

最早将 why－how－what 的思考方式总结成黄金思维圈的，是西蒙·斯涅克。所谓黄金思维圈，其实是指我们认知世界的方式。黄金思维圈的最基本应用是：当你做一件事的时候，首先要问"为什么"，也就是问自己为什么要做这件事。在任务驱动学习中，我们应该帮助学生构建学习的"黄金思维圈"，抓住"为什么学"这一核心问题确立任务目标，从 why 的角度思考问题，从而驱动学习。

（3）学习的自主设计体现了"学会学习"的理念

对照《中国学生发展核心素养》，学习的自主设计符合核心素养三方面之一的"自主发展"中"学会学习"的理念——主要是学生在学习意识形成、学习方式方法选择、学习进程评估调控等方面的综合表现。任务目标的确立，首先有助于学生学习意识的形成，然后有助于学生根据任务目标选择学习方式方法和对照任务目标评估调控学习进程。

2. 确立任务目标有助于实现学习的量子管理

（1）学生是自己学习的组织者

信息时代让当下的教学愈加充满不确定性，学生不仅不再是一张白纸，而且还成了一张千姿百态甚至千奇百怪的彩纸。面对起点各不相同的学生，教师一成不变的教已经难以做到兼顾和兼容，此时唯一的做法就是设计任务让学生进行自主学习，自己根据自己的能力设计自己的学习途径，自己根据自己的需要寻找自己的学习资源。

在任务驱动学习中，作为管理者而非领导者的教师，"只需告诉学生要达到什么目标，提供实现目标的资源条件，然后充分授权即可"。有人做了这样的比喻："教师应该是建材超市的经理，为学生提供各种建筑材料，帮助他们设计草图，然后让学生自己动手去建造自己的房子，而不应该是房地产经纪人，先让工人把房子建好，然后再卖给学生。"这个比喻换一种说法，也就是当教师给了学生"大海的宽广无边和高深莫测"的长远目标和美好愿景之后，"如何造一艘船""如何驶向大海"就成了学生必须自己考虑的事情，而教师，"不要鼓励人们去伐木，不要去分配工作、去施号发令"，只需要鼓励和帮助学生自己去寻找前进的路线、前进的方法、前进的工具和前进的资源。

管理一定要回答"如何让人在组织中有意义"这个问题。我认为，对学生的学习管理的核心要围绕两件事去做：一是"学的价值"，二是"人的价值"。任务驱动学习，当学生明白"为什么学"，并发现任务的目标最终对自己有用并且自己有能力去学的时候，也就发现了"学的价值"和"人的价值"。

当然，"有用"的含义可以很广泛，可以是物质上的，也可以是精神上的，正如一位大学教授所说："给人送礼物可以是一篮青菜，也可以是一束鲜花，青菜便宜、实惠，鲜花华而不实，但仍然可以选择送鲜花，因为鲜花意味着审美的情致和精神交流的方式。""有用的学习"可以是最终获得实惠的"青菜"，比如学会计算方面的知识可以让生活变得更加精确，"有用的学习"也可以是最终获得华而不实的"鲜花"，它可以让生活变得更加精致，比如学会黄金比例知识可以欣赏到生活中的美。"造一艘船"，可以用来探索"大海的高深莫测"，也可以用来欣赏"大海的宽广无边"。另外，"有用的学习"还可以是能够"释放自己的才华"的学习。为了能够完成对自己"有用"的任务和实现对自己"有用"的目标，学生必须有作为，从而主动进行"自组织学习"，自己去设计"学什么"和"怎么学"。

（2）学生是自己学习的领导者

在"量子组织"中，组织中的每一个人，都通过自己的行为与其他人产生互动，彼此相互影响，共同发展，因此，每一个人都是领导者。

在任务驱动学习中，学生是自己的领导者。美国作家弗格森说，谁也无法说服他人改变，因为我们每个人都守着一扇只能从内开启的改变之门，不论动之以情还是晓之以理，我们都不能替别人开门。布卢姆说，学习的最大动力，是对学习材料的兴趣。赞科夫也认为，对所学知识内容的兴趣可能成为学习动机。当任务被学生喜欢、需要的时候，学生就会自己"从内开启改变之门"。由此可见，任务驱动之"驱动"并不等于"被动"，学生的学习并不是教师在驱动，而是任务在驱动。进一步讲，任务只是学生学习的抓手和桥梁，"驱动"学生完成任务的不是老师也不是"任务"，而是学习者本身——学生自己领导自己学习，更进一步说是学习者的成就动机。因此，任务并不是静止和孤立的，它的指向应该是学习者成就动机的形成，即任务对学生学习的激发首先是自上而下、由外向内的浸润过程，继而是自下而上、由内而外的润泽过程，是以成就动机的产生为宗旨的。

有一句话说得好："不要追一匹马，你用追马的时间去种草，待春暖花开时，能吸引一批骏马来。"在任务驱动学习中，教师应该用"追着学生学"甚至"求着学生学"的时间去设计好任务，吸引学生学习。

另外，任务驱动学习中所说的"任务"也不同于我们平常所说的任务命令。任务驱动学习中，学生"我愿意"是最有力的一句话，而任务命令是上对下的指令，不以个人的意志为转移。在"我愿意"的积极情感下，任务的完成也不再是"蛮力（蛮干）"，而是"愿力（愿意干）"，这是李嘉诚在汕头大学 2017 届学生毕业典礼的致辞《愿力人生》中提出的希望。愚人只知道"为（to do）"，智者有愿力，把"为（to do）"变成"为（to be）"，希望我们的学生能够在完成任务和实现目标的过程中成为学习的"自我领导者"。

当"任务驱动"通过"任务内驱"走向"动机驱动"之后，教师也就赋予了学生"自下而上的动力和空间"，同时学生也许能够实现认知的突围，深入知识的内核，做学习的明白人。

3. 确立任务目标有助于实现学习的以终为始

被评为"25位最有影响力的美国人之一"的史蒂芬·柯维在《高效能人士的七个习惯》一书中描述了高效能人士的七个习惯，分别是：积极主动，以终为始，要事第一，双赢思维，知彼解己，统合综效，不断更新。其中，第二个习惯"以终为始"是一种以目标来订计划的逆向思维：只有心中有那个"终"，才知道应该怎么"始"。

（1）"以终为始"能让学生学有用的数学

有人说："在学校你先学习，然后接受考验；而在生活中你要先接受考验，然后才能学到东西。"其实，我们也可以一改"在学校你先学习，然后接受考验"的传统教学形态，回归生活，先接受考验，再接受学习，这种"倒行逆施"就是"以终为始"。甚至，或许有考验才有学习的动力。其中，有考验的情形应该包括"待到用时方恨少"这一种知识上的拮据。

我们都知道，数学能力是全球公认的关键能力之一，但有不少中小学生感觉学习数学没什么用。曾经看到这样的笑话（如图7），笑过之后，我们可以做进一步的思考："教师教的能否让学生感到有用？"

学生：老师，你教的都是没用的东西。

老师：我不许你这样说自己。

图 7

教师应该教给学生有价值的东西，除此，教师还应该一开始就让学生看到教师教的东西是有价值的，也就是说，只有一开始就知道老师教的东西有价值，学生才可能一开始就有强劲的学习动力坚持学习和深入学习。不过，对小学生而言，"有价值的东西"最好是看得见、摸得着、用得上的实际收益。

以此来看如今的数学教学现实并不乐观，学生常常看不到学习的目标和学习的价值，也就是说这样的学习属于"不知情学习"。课堂教学大体以知识的生长和生成为设计的线索，先是沿着知识"从哪里来""该怎么走""到哪里去"的进程呈现知识的产生和发展过程，在这种教学模式下，很多学生一开始并不知道知识到底有什么用，一般要到一节课甚至一个单元即将结束的时候才知道知识到底有什么用，这种一开始不知情的教学给学生的感觉就是为学习而学习。

针对上述传统课堂的弊端，任务驱动学习可以让学生的学习拥有"知情权"，不仅知道知识"是什么"和"为什么"这两个问题，还可以在课始就知道知识"为了什么"这个终极问题，这样的学习才是"有用"的学习，并且"用是最好的学"，学用可以互哺。

正因为任务驱动学习中的"任务"常常不只是一种包含知识问题的任务，也是一种包含知识技能的任务，还是一种包含知识应用的任务，所以任务驱动式教学能够充分体现知识的价值，也就能够让学生一开始就知道学习的价值所在——学习知识最终是为了什么，它指向性非常明确，始终在远方召唤着学生走向知识的归宿。

（2）"以终为始"能让传统教学格局得以改观

"以终为始"的学习可以有效实现学生的知情学习和有意义学习，很多时候它还会带来课堂教学形态的改变：如果把顺着知识产生与发展先后顺序的传统课堂教学程序比作文学叙事中的"顺叙"手法，那么"以终为始"的任务式课堂教学程序就如同文学叙事中的"倒叙"手法。

例如苏教版教材中《表面积的变化》一课，给学生的感觉就是在研究表面积变化这一纯粹的数学问题，至于研究表面积的变化有什么用，学生一开始并不清楚，一直到学最后一道"怎样包装火柴盒最节省纸"的应用题，学生才知道它在生活中是有用的，而此时产生好好学习的兴趣或许为时已晚。可以说，"怎样包装最节省纸？"是一个有用的实际问题，也是学生想掌握的一种生活技能，对此，我们可以采用"以终为始"

的"倒叙"法，把置于教材之终的包装问题前置到教学之始设计成任务（如图9），这样就把原来教材的编排顺序"数学问题→数学探究→数学规律（知识目标）→生活应用"优化为"生活应用（任务目标）→数学问题→数学探究→数学规律→生活应用（任务目标）"，调整后学生就会产生一种自始至终在学"有用"的知识的感觉。

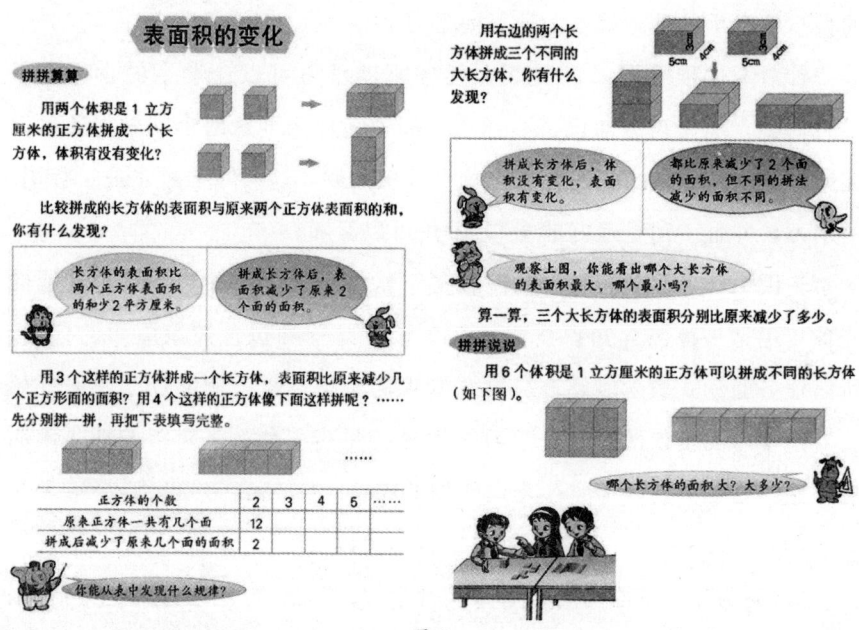

图 9

这种课堂形态呈现了一种前后呼应的格局，是一种始于任务目标又终于任务目标、在知识与生活之间穿梭的圆通式教学结构（如图10）。

由此想到：银行在培训员工的时候，所有提到

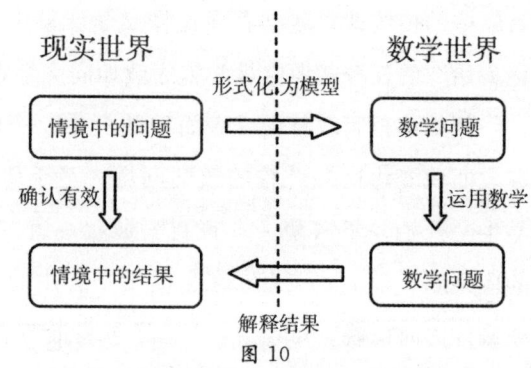

图 10

"钱"这个字的地方都要改成"货币"两个字，为啥？就是为了让这些新员工知道，这里的钱是工作对象，不是你生活中的钱，这可以有效防止银行工作人员的职务犯罪。一词之差，给人的感觉大不相同。同理，"包装问题"虽然还是会转化为"表面积问题"，但给学生的感觉不同：前者是经常会遇到的生活问题，而后者仅仅是学习问题。问题对象的面貌不同，学生的学习动力也就不同，收获也可能不同。中国学生发展核心素养中谈到"健康生活""责任担当""科学精神"，"表面积问题"的研究可能只需关注"科学精神"，而"包装问题"的研究可能还需关注到"健康生活""责任担当"。结合易中天教授所说的"我对基础教育的主张——真实、善良、一技之长"这句话，就更易理解了。"包装问题"的研究不仅能让学生感到"真实"，而且还能让学生获得生活的"一技之长"。

　　在为了完成任务而进行的研究性学习过程中，学生发现生活中的包装问题就是数学中的表面积的变化问题，于是接下来就会按照数学研究的一般方法进行数学学习的自主设计：鉴于火柴盒是长方体，学生会根据已有的"从少到多"和"从特殊到一般"的探究经验，先从最少的两个正方体的包装开始，再发展到多个正方体的包装，最后发展到长方体的包装，尝试研究这其中是否存在规律，这一研究思路正好是教材的编排思路，但不同的是，它是学生学习自主设计的结果，而不是教师的安排。由此可见，如果说传统学习主要是输入和消化的过程，那么任务驱动学习则是生长和创造的过程。

　　综上所述，我们大致可以形成任务驱动学习的流程图（如图11）：

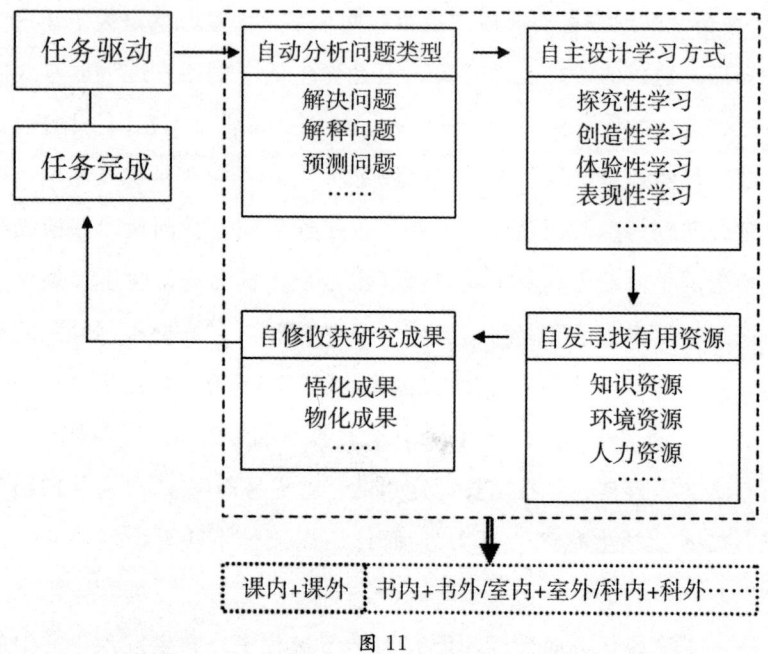

图 11

在这样的任务驱动学习中，学生会经历以下几个阶段的"zhi"：一是"知"，获取知识；二是"志"，磨砺意志；三是"至"，达到至境；四是"智"，集成智慧。具体内容将会在之后的章节中逐步说明。

能力挑战：
学生学习在"任重"中"道远"

"崇高的荣誉像开在山顶的一朵花，有的人看见了艰难的路，有的人只看见美的花。"在任务驱动学习中，我们希望学生既"看见美的花（任务目标）"，也"看见艰难的路（任务挑战）"，通往梦想的道路必定是坎坷的，但只要开始行动，任何苦难都不能磨灭你的梦想。

俗话说："刀要石磨，人要事磨。"才华是刀刃，辛苦是磨刀石。目标指明了前进的方向，挑战迫使人们学习新的技能。研究表明，人在学习新的技能的时候会带来大脑结构的变化，大脑在迎接新的挑战时，会以不同的方式来重新布排"神经网络"，这会加快大脑运转的速度。正如史铁生所说："一根琴弦需要两个点才能拉紧。心弦也要两个点：一头是追求，另一头是目的，这样你才能在中间紧绷着的过程中弹响心曲。"

任务驱动学习，挑战性是任务最显著的特性，对于学生来说，它或许不再是那种"跳一跳就能摘到果子"的轻而易举，可能是"跳几跳才能摘到果子"的"痛快"——那种经历痛苦思考和探索之后获得成功才体会到的快乐。

一、设计"大的任务"，让知识充满力量

我们再一次来读一读建构主义教学设计原理所强调的这句话：学生的学习活动必须与大的任务或问题相结合。我们应注意到"任务"之前有"大的"这一定语，"任务"要成其"大"，至少应达到以下几点：一是具有足够大的吸引力，二是具有足够大的挑战性，三是具有足够大的知识量。要能够让学生看见"知识就是力量"，用知识的力量（可以把知识的力量设计成任务目标）召唤和驱动学生去挑战、去学习，拥有智力上的紧张感，"从中发展认知能力和处理问题的能力"。

那么，任务驱动学习中，我们该如何让知识充满力量，从而召唤和驱动学生学习，最终让学生获得完成任务的力量呢？我们可以从以下几个方面努力：

1. 让学生看见知识的应用，增强任务完成的吸引力

建构主义教学设计原理提到"让学生在真实的教学情境中带着任务学习，以探索问题的解决方法来驱动和维持学习者学习的兴趣和动机"，这样的"真实"，应该是那些能让学生"看得到、摸得到、用得到"的情境，这样的"教学情境"，最好能让学生既有"真情"又有"实感"。当然，我们不能满足于此，还需要思考：应用情境如何能让学生"看得多、摸得多、用得多"，从而有更多真实的"获得感"，增强任务完成的吸引力？此中，有一种做法是把教学内容设计成"生活情景连续剧"。

美国国家神经失调和中风研究所研究员乔丹·格拉夫曼认为，你处理的事情越多，专注的时间就越少，你思考推理的能力就越差。有人说，当我们把注意力集中在一件事上时，由于是全心全意的关注，所以我们是最幸福的。反映到教学中，东北师范大学前校长史宁中则说，一个人的数学能力强，就是能在头脑中长时间地思考一个问题。同一情境内容

的连续可以让学生长时间地思考一个大问题，感觉始终在做一件大事情，其间所有知识的学习都是为了解决这一个大问题、做好这一件大事情。这样的大问题和大事情，就组成了"大任务"的设计起点，它能够很好地为课堂"瘦身""减速"和"变式"，实现学生的目标化学习、沉浸式学习和简约型学习。

《坚毅》一书的作者安杰拉·达克沃思认为兴趣分为两种：一种是初学者的兴趣，你看到一个新奇的东西觉得挺有意思，想要去了解一下，这种兴趣是肤浅的，不能支持你走很远；还有一种是专家的兴趣，是只有你深入一个领域之中，才能体会到的那些很微妙的东西。这种微妙与表层肤浅的新奇刺激完全不同，外行根本无从体会，只有你了解了，它才会强烈吸引你继续钻研。你会越钻研越感兴趣，越感兴趣越钻研。而任务驱动学习中任务的挑战，就可能会激发学生的这种高级兴趣，使学生像专家那样深入学习。

学生如此，教师也是一样，"大任务"设计可以让教师有更多的时间和空间专注于学生活动，日本东京大学佐藤学教授也认为，课程设计越简单越好，如果要点太多，教师往往会专注于自己是否完成目标，而忽略孩子的反应。

（1）设计多个知识内容串联的"生活情景连续剧"

例如《长方体和正方体》单元知识包括长方体和正方体的认识、长方体和正方体的表面积计算、长方体和正方体的体积（容积）计算等众多知识点，虽然它们同属一个单元，但地位的不同让它们彼此"自立门户"，反映在教学上就是一节节课的接二连三。这样的"接二连三"更多的是不同知识内容的连续，那能否是同一情景内容的连续呢？进而能否像电视连续剧那样成为学生的期盼？

对此，我们可以设计一个包含着知识、包装成任务的情景作为线索，随着"剧情"的不断发展串联起一节节课，如此，尽管依然是一节课连着一节课，但学生感觉如同一直在看同一部"电视剧"。其中，"生活情景剧"更容易让学生"追剧"。我们可以把《长方体和正方体》单元知识教学导演成一部"生活情景剧"《做一只金鱼缸》，此中，学会做一只金鱼缸，是学生感兴趣的有着实用价值的"大任务"：

第1集，也就是第一节数学课，开场的任务情景可以是："明明准备做一只金鱼缸，想用金属条做一个金鱼缸框架（如图1）。现在知道金属条每米12元，接头每个4元。购买这些材料需要多少钱？"这样的制作和预算任务，就涉及长方体的特征等知识点。

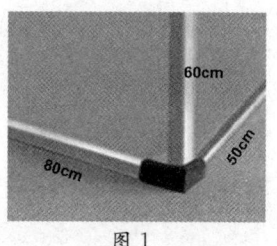

图 1

第2集，也就是第二节数学课，后续的任务情景可以是："接着，明明要给金鱼缸配玻璃，玻璃每平方米大约80元，要配齐所需玻璃他还要花费多少钱？"这样的制作和预算任务，就涉及长方体的表面积计算等知识点。

第3集，也就是第三节数学课，后续的任务情景可以是："鱼缸做好了，明明很得意：'爸爸，快点放满水，把金鱼放进去，明天我要搬到班级生物角去让同学们看看！''别高兴得太早，'爸爸说，'你能轻松抱动这个放满水的鱼缸吗？再说水也不能放满，最多只能放八成。1升水大约重1千克，要先算下水的重量！'"这样的称重任务，就涉及长方体的体积计算等知识点。

至此，"生活情景剧"《做一只金鱼缸》播放到第三集，就基本完成了《长方体和正方体》单元知识的教学任务。我们还可以让《做一只金鱼缸》这一"生活情景剧"连续下去，拓展和深化知识：

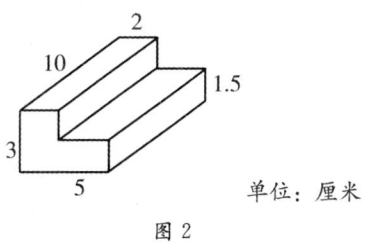

单位：厘米

图 2

第 4 集，后续的任务情景可以是："爸爸买来几条小金鱼，问明明：'你知道小金鱼会占用金鱼缸多大空间吗？'明明把小金鱼放入金鱼缸，测出水面上升了 0.4 分米，他兴奋地告诉爸爸：'我可以算出小金鱼的体积啦！'爸爸点点头，又拿来一个小玩意（如图 2），问明明：'它的体积有多大？如果把它放进鱼缸作为装饰物一起陪伴小金鱼，水会不会溢出鱼缸？'"这些测算任务的完成，涉及组合物体体积计算和不规则物体体积计算等知识点。

第 5 集，后续的任务情景可以是："明明把金鱼缸拿到学校后，老师和同学们赞不绝口。同学佳佳想请明明帮她家也做两个这样的金鱼缸，明明愉快地答应了。两个新金鱼缸做好了，为了方便运输要包装在一起，明明想：'怎样包装最节省包装纸呢？'"这一包装任务的完成，涉及长方体拼合后表面积计算等知识点。

（2）设计多种知识内容并联的"生活情景剧"

想让"生活情景剧"《做一只金鱼缸》更有料，我们不妨链接到《世界上最小的鱼缸》这一富有趣味的资料："俄罗斯著名微观艺术家 Anatoly Konenko 创作的一个鱼缸大小只有 30 mm×24 mm×14 mm，虽然它容积很小，但是里面却格外丰富，微型植物、石头样样不少，甚至还放置有真正的小鱼，人们需要用放大镜才能看清楚里面的景观。另外，为了尽量不打扰到生活在这小小世界里的鱼儿，Konenko 需要用注射器给鱼缸换水，而且他还专门制作了一个小巧的渔网，来与迷你鱼缸配套。"据此，我们可以设计一些情景题："这只最小的鱼缸可以装多少水？

如果使用 2 毫升容量的注射器给鱼缸换水，一共需要注射几次？"……这些内容可当作"生活情景剧"《做一只金鱼缸》第 6 集。

如果看得更远，我们还可以有"生活情景剧"《做一只金鱼缸》第 7 集，使之链接到后续教材《圆柱和圆锥》单元知识："明明后来看到圆柱体金鱼缸，他开始盘算：'圆柱体金鱼缸又该怎样设计和制作呢？要装下原来长方体金鱼缸中的水、金鱼和装饰物，这个圆柱体金鱼缸又该做多大呢？'"

如果新授课不用《做一只金鱼缸》这样的"连续剧"，我们也可以等到复习"长方体和正方体的特征、表面积和体积"和"圆柱的特征、表面积和体积"的时候上演《做一只金鱼缸》的专题片，设计《做一只金鱼缸》的制作任务来组织"剧情"。

值得一提的是，上述一个单元甚至后续几个相关单元的整体设计，符合华东师范大学教授崔允漷提出的"形成学生的学科核心素养要从单元学习设计到课时设计……每一个单元都要有一个教学情境"的设想，这是一个结构化、条件化、情境化的过程，可以让学生知道知识是从哪里来的、为什么要学，最重要的是学会怎么用。

叔本华说："人在各种欲望不得满足时处于痛苦的一端，得到满足时便处于无聊的一端。人的一生就像钟摆一样在这两端之间摆动。"在任务驱动学习中，我们一方面要努力满足学生完成任务的欲望，使之经历由苦苦探索的痛苦到获得成功的快乐，另一方面要努力让学生得到之后不陷于无聊之中，用任务继续驱动学生进行新的学习和探究。

这样的"连续剧"甚至可以缠缠绵绵几年。例如"你会购物吗？"的任务活动，从低年级的《认识人民币》一课开始，到中年级的《认识小数》和《常见的数量关系》一课中开发票时需要的"单价、数量、总价"，最终到高年级的"打折"等知识，都可以串联在一起；又如"寻找植物中的数学"的任务活动，就可以涉及"图形的认识""图形的周长和面积""角的测量""轴对称图形"等各个年级的教材中的知识以及"树高的测量""树叶中的比"等综合实践活动内容。

或许有人会问，我有些无聊，也有些痛苦，它们并不在两端，而是纠结在一起，这是为何？对此，叔本华说，那是因为你的两端相距很短，你的钟摆像一个电子表，这一秒痛苦，下一秒无聊。由此，在任务驱动学习中，我们还要努力拉长学生"得到"（得到知识和得到快乐）的时间，增加学生"得到"的难度，使得学习和探究活动具有挑战性。

2. 让学生看见知识的灵活，增强任务完成的战斗力

在任务驱动学习中，教师设计的"大任务"应让学生可以有多种完成的路径，既体现方法的灵活性，又增强思维的挑战性。

例如《长方形和正方形的认识》一课，学生在完成"用量一量的方法验证'长方形对边相等'的猜想"之后，任务升级为"不量，你有什么办法可以验证'长方形对边相等'的猜想"，促使学生探索出折一折这种更为简捷的方法。随后，学生完成"用量一量的方法验证'长方形四个角都是直角'的猜想"之后，任务升级为"可以不用量四次角吗"，促使学生探索出把长方形对折一次后量两次角和对折两次后量一次角这些更为简捷的方法。这些"步步高"的任务与之后"用量一量、折一折的方法验证对正方形边和角特征的猜想"的任务组成了任务群。

在任务驱动学习中，我们所设计的"大任务"的呈现方式应该灵活多样，甚至可以离"题"万里，从表面看，有别于例题或习题的常规表达，甚至有别于数学的通常问法。很多时候，正是这样的不拘一格，可以避免学生滋生"又是做题"的厌倦感。

例如《圆的认识》一课，我们设计"圆规为什么能够画出圆"的探究性任务，貌似这个任务设计得很"离谱"——不探究圆的知识，却去探究圆规的使用原理，但实际上，这是一种迂回策略，因为要探究"圆规为什么能够画出圆"，首先要探究圆的特征，然后才能解释圆规的使用

原理。无形之中，学生会有这样一种认识，那就是圆规的发明是圆的知识的应用。由此可见，学生完成了圆规使用原理的探究任务，也就完成了圆的认识的学习任务。此时，圆规身兼两职：一是画圆的工具，二是学圆的道具。

研究表明，能力就是基础知识的灵活运用，内化为能力的知识是最忘不掉的。画圆是一种能力，画圆能力的不断提高可以不断提高学生对圆的认识。所以，我们在课后设计"你想挑战吗？"的画圆任务：首先，让学生从会画一个圆到会画几个圆组成的图案。当学生感觉任务已经没有挑战性时，再布置徒手画圆的表现性任务，此时学生根据圆规的知识原理想到多种方法（如图3），这也是知识的活用，这样让学生切身体会到"有知识就有办法""知识就是力量"。

图3

当学生都熟练自如之后，教师再次提高任务的难度："你能右手画圆的同时左手画方吗？"这会重新激起学生不服输的劲头。在这个过程中，我们还给了学生挑战的榜样——隋朝经学家刘炫，史书上记载他能一心五用："左画方，右画圆，口诵，目数，耳听，五事同举，无有遗失。"同时还告诉学生不断挑战自己的意义。

当学生都练得差不多的时候，教师再抛出一个更难的任务："你能用直尺画出圆吗？"这一任务虽然已经超出小学生的认知范围，一时难以完成，却可以让学生在感到好奇的同时再次认识方法的灵活，并且记忆深刻。

教师设计的这些难度不断增加的画圆挑战性任务大都属于"课"外

活动：一是说它们已属于"课本之外"，超出了教材的画圆要求和知识范围；二是说它们已属于"课堂之外"。然而，我们应该看到，正是课外活动的投入，让学生能够带着好心情走入课内学习，所以教师应该重视课外任务的设计。

3. 让学生看见知识的融合，增强任务完成的联通力

美国阿波罗登月计划总指挥韦伯曾说，阿波罗计划中没有一项新发明的技术，关键在于综合。这就是知识综合的力量，它有时能产生强大的穿透力和衍生力。

有时，这样的知识综合还表现为不同学科的"跨界"。面对"跨界"的综合性任务，学生会产生"任我行"的好奇感和满足感。

例如当学生学习了"圆柱的体积"之后，教师布置"测算出一棵大树的体积"的实践任务。学生会遇到困难：他们先用软尺测量出树干的周长，然后计算出树干横截面的半径，得到横截面的面积，接着测量出树干的高度，最后计算出树干的体积。至此，学生还不能顺利完成任务，因为还有那么多粗细不等的树枝体积要测算。此时，在学生叫苦和求援声中，教师可趁机把实践任务链接到以下的阅读任务上——

一棵树长到一定高度就开始分叉，长出几根枝丫来，每根枝丫又继续分叉成几条小枝丫，小枝丫上又长出小树枝，最后直到每根小树枝上都挂满一片片叶子……树木的这种倒锥形生长方式对于我们每个人来说都不陌生，但恐怕很少有人注意到其中的"数学"：一棵树任何一个高度，其所有树枝的截面积之和都是一样的。这一现象是 15 世纪意大利画家达·芬奇首先观察到的。

学生掌握了上述生物学知识，眼前这个数学问题便迎刃而解了。要测算一棵树实际占有的体积，我们量出树的根部的截面积，再乘以它的

高度就可以了。当学生凭此最终完成任务时，会有人感叹：大自然真奇妙，植物竟然也懂数学！还有人感叹：这一现象竟然不是数学家发现的，而是一个画家发现的！由此可见，任务链接让练习有了更多的情感色彩，让学生有了更多的情感反应。

4. 让学生看见知识的温暖，增强任务完成的亲和力

有人认为数学知识只有理性，其实数学知识也可以充满感情。因为知识是一种认识，而认识无非是主观对客观、心灵对物质的一种反映。何况知识一旦走进教学，就有了感情，因为教学是教师和学生、学生和学生、学生与知识之间的交流过程，有了人，知识就有了感情。

我们设计的任务能否被学生接受，不仅取决于学生对任务的客观认识，更取决于学生对任务的主观态度，也就是说，我们设计的任务除了能够促进知识的交流，还应该能够促进人与人间的思想交流和情感交流。这样有"温度"的任务，更能够让学生做得心情舒畅。这就是知识的情感力量。

例如杭师大东城二小布置了一个探究性的"大任务"："你知道妈妈的头发有多少根吗?"许多学生全家总动员，最后给出了两类方法：如果妈妈的头发是长发，就采用化整为零法；如果妈妈的头发是短发，就采用毕克定理法。

这一实验任务带给学生的远不止数学综合素养的提升，更让学生收获了亲情，增进了家庭成员之间的感情。有家长这样描述："从来没有见过孩子如此认真地，像个科学家一样查阅资料，设计研究方案，还一次又一次和我们讨论商量，在平均分头发扎辫子时，生怕弄疼了我，作为家长我很感动。"还有家长这样感怀："数头发时孩子在头顶摸来摸去，感觉特别温暖。"有学生这样抒情："发现妈妈有了不少白头发，她太辛苦了。"还有学生这样行动："数完后帮妈妈把头发洗了。"

又如我们还可以设计充满爱的任务："母爱有多重?"山东新营小学

学生的答案是：在婴儿 1 岁多时，宝宝平均体重为 7.5 公斤，母亲每天大概要抱 20 次，也就是 150 公斤左右；2 到 3 岁时约 12.5 公斤，母亲每天大概要抱 10 次，也就是 125 公斤；4 到 10 岁时约 25 公斤，母亲每天大概要抱 6 次，也就是 150 公斤……假设孩子 10 岁前常常被母亲抱在怀里，那么母亲养育一个孩子总共需要抱起的重量竟然是 465375 公斤，约 465 吨。也就是说，每一位母亲相当于抱起了 90 多头 5 吨重的亚洲大象。

二、设计"大的任务"，让学习充满磨难

有一个成语叫"任重道远"，它原本是一个联合词组，意为"任重＋道远"，在此，我把它理解为"任重才能道远"，用在学习中，意为"唯有任重，学生的学习之路才能走得更远"。因为从某种意义上讲，"任重"除了能够锻炼人的毅力，其实也是一种动力，也就是说毅力与动力是密切相关的。这可以从心理学家肯·巴伦给出的一个公式中看出，他认为：动力＝一系列的付出（即完成某一任务所需要的努力）＋对目标的期待（即对自我效能的理解）＋价值感（即事物的意义）。付出、期待和价值感，都给了学生任重感。

1. 挑战性任务，让学生的学习越来越勇

1998 年美国社会心理学家鲍迈斯特提出了"自我损耗理论"，而 2015 年的一篇由全球 26 个实验室合作完成的研究发现，意志力自我损耗的实际很少，研究者认为意志力并不像汽车油箱里的汽油一样越烧越少，而是能随着工作的进行不断增强。从这个角度看来，意志力倒更像汽车里的蓄电池，上路时间越长充电越足，工作的时间也就越长。后续实验还发现，只要不断向人们灌输"无穷意志力"的观点，就能激发他们的意志力潜力。我们的表现或许会随着工作时间的延长而不断变差，但如果背后的推动力足够强大，意志力就会源源不断。在任务驱动学习

中，任务就如发动机，能够产生强劲的学习驱动力。

《道德经》说得好，"多易必多难"，意思是如果一直在挑容易的事做，最后一定会被一大堆难事所围困。高尔基说："当每件事都容易的时候，一个人很快就会变得愚蠢。"

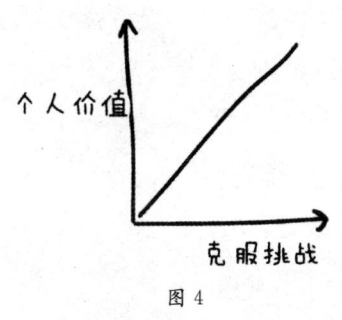

图 4

印度学者克里希那·萨瓦尼研究发现，第一项任务越困难，人们在后续任务中的表现反而越好。所以，在任务驱动学习中，我们应该注重学习初始任务的挑战性设计。

作家杨绛说，别选择好走的路，你才能拥有真正的自己。克服挑战，能让你"拥有真正的自己"，实现你的个人价值。个人价值与克服挑战成正比关系（如图4），个人价值在挑战中实现，跳出舒适区，寻找挑战自己的机会，你将会越发不平庸。

由此有了对"快乐教育"新的理解，我认为，"快乐教育"之"快乐"，不应该是那种转瞬即逝、一晃而过、难驻心间的快乐。朱自强在《流萤》中说得好："'快乐'不是单纯的感官娱乐，而是一种心灵愉悦、精神满足的状态。快乐不是对学习的消解，而是对学习的深度激活；快乐也不是思考的对立面，因为思考本身就是一种快乐，而快乐本身也能够成为一种思考。"我们应该多让学生做"有趣的"困难事。

为了长远目标而持续发力的意志力是最有价值的人生能力，那种一帆风顺、轻松舒服的人生未必健康。如此状态的学习生活，或许就是中国学生发展核心素养之一"健康生活"。

2. 挑战性任务，让课堂的结构越来越优

那么，我们该如何优化课堂教学结构，使之富有挑战呢？下面几种做法供参考：

（1）优化"顺叙"课堂，"顺"出知识的挑战

在学习中，我们应该给学生提供可以挑战同学甚至挑战教师的机会，最终让学生挑战自我，在学习之路上越走越远。很多时候，数学教学程序不能单纯地顺着知识的逻辑来设计，还应该顺着学生的心理来设计——"落后的压力，会驱使人不断地向前赶、向前追"，从而让设计的任务能够对学生构成知识和心理上的挑战，让学生能够迎难而上。

例如《圆的认识》一课，有一位教师设计了一个"学生与学生、学生与老师比赛画圆"的任务：用提供的绳子，分别在黑板上画一个圆，看谁画得"圆"。第一轮比赛中，一个学生画出的圆不怎么圆，一个学生半途而废画不出圆，老师画的圆最准确最美观。此时，"落后"的学生主动向同学请教，结成同盟后要求与老师再比。第二轮比赛，学生画出的圆依然不够圆，有的地方凸出来，有的地方显得毛糙。两轮比赛引发了学生的疑惑，是画圆的绳子有区别吗？大家拉过绳子后，终于发现学生用的是具有弹力的绳子，而老师用的是没有弹力的绳子。于是，学生纷纷大喊不公平。最后，教师让学生思考"为什么具有弹力的绳子画不好圆"，进而引入新课。

又如《圆的认识》一课，还有一位教师设计了 7 次画圆任务，不断提高难度，不断挑战学生的能力——第 1 次画圆：利用圆形物体画圆。第 2 次画圆：用圆规画一个圆。第 3 次画圆：在别的地方再画一个圆。第 4 次画圆：画一个和刚才不一样大的圆。第 5 次画圆：画一个半径 3 厘米的圆。第 6 次画圆：画一个直径 6 厘米的圆。第 7 次画圆：在操场上画一个圆。如此，整节课学生的感觉只是在专心做一件事，那就是画圆，从而专心致志地把这件事做好，以求画上圆满的句号。（详见第三章《多次画圆，画出"圆的认识"》一文）

在"顺叙"教学中，教师给学生任务大都采用由少到多、由易到难、由特殊到一般的方式循序渐进，而这种教的方式也应该成为学的方式，

让学生由此"顺叙"更多、更难、更一般的知识。

例如《多边形的内角和》一课，可以给学生布置这样的开拓性任务："你会从已经学过的三角形的内角和去探究四边形、五边形、六边形等多边形的内角和吗？"在探究四边形的内角和的时候，学生发现"量"的方法会有误差，于是想到用"分"的方法——将四边形分成两个三角形，用两个三角形的内角和求出四边形的内角和，然后用这种"分"的方法继续研究其他多边形的内角和，最终顺利发现：多边形内角和＝（边数－2）×180°。教师追问"为什么多边形分出的三角形个数会比边数少2"，使结论更有依据。

（2）优化"插叙"课堂，"插"出知识的挑战

传统数学课堂，在教学新知之前，很多教师会顺着知识的发展逻辑，先复习与新知学习有关的旧知，帮助学生先行清除前进道路上的知识障碍，使学生能够直接进入新知识的殿堂或者能够更快地完成对新知识的探索，如此，貌似缩短了通往新知的距离和时间，但也弱化了学生的思维力，降低了学习的挑战性。

在此，我们不妨改传统教学的"顺叙"为"插叙"，在需要用到旧知的时候再插进旧知的复习。这样，在引出新知或探究新知的时候，学生需要自己去获取相关的原有知识的支持和原有方法的支援，增加了学习的难度，增加了引入新知的距离和探索新知的时间，让目标的实现来得更晚些，可以给学生"很煎熬，也很美好"的挑战体验。例如《角的度量》一课，常规的教学程序如下——

1. 回顾已有度量经验。

师：要测量一个长方形每条边的长度，你会选择哪个长度单位？要测量它的面积，又会选择哪个面积单位？

师：长方形也有角，要想测量角的大小，你又会用哪个单位呢？

线	长度	1厘米、1分米、1米……
面	面积	1平方厘米、1平方分米、1平方米……
角	角度	?

2. 自研"以角量角"

师：要比较这两把扇子上角的大小，怎么比？

生1：重叠。

生2：我有个更好的办法，扇子上的折痕构成一些小角，可以数一数里面的小角。

师：是啊，数小角不仅能比较出角的大小，还能知道大了多少，这个办法的确很好。（出示两个大小不同的角）你能精确比较出这两个角的大小吗？

生3：能，找出小角，在大角里摆小角就可以。

……

上述教学中的"顺叙"看似顺畅和顺利，但它所顺应的只是知识的逻辑顺序，而没有顺应学生的思维顺序，先进行的旧知复习给了学生新知学习的暗示，让学生的探索变得轻而易举。我们应该清楚，正常的学习，学生的思维顺序应该是先遇到困难，然后想方设法去解决，于是会想到调动之前的知识和学习经验。因此，基于创造性任务设计的教学程序应该是如下"插叙"式——

1. 让学生遭遇有困难的"当前"

教师在屏幕上出示两个大小相近的角,让学生比较大小。

生1:看起来差不多。

生2:感觉第二个角大一些。

师:如果我们要知道哪个角大,怎么办?

生3:把它们重叠在一起。

师:如果两个角无法移动呢?

生4:用直尺量一下角开口的大小。(学生上台测量,感觉比较麻烦)

2. 让学生回顾有经验的"之前"

师:在之前的学习中,我们是否也遇到过这样的度量问题?想一想,我们后来是如何解决的?

让学生复习以前学过的长度测量与面积测量的知识,教师用PPT展示下表,然后根据学生发言完成:

线	长度	1厘米、1分米、1米……
面	面积	1平方厘米、1平方分米、1平方米……
角	角度	?

……

上述教学过程,一改传统数学课一开始就回顾旧知的做法,有意制造困难,交给学生任务。通过教师的步步紧逼,逼着学生自觉检索和调用已有经验,引发类比思维,启发学生对角的度量的猜想:"是不是可以用一个小角来量角?"最终"创造"出解决问题的方法,并"创造设计"出量角器。

或许有人会说如此"插叙",会让学生的学习不那么流畅,但我认为,这才是学习的真相。弗吉尼亚大学心理学教授丹尼尔·威林厄姆说,你每从记忆中搜索一次信息，下次就更容易找到它。所以，我们不能让学生跳过从自己记忆中搜索有用知识经验的环节，哪怕这样的搜索很费时、很费劲。

学生数学素养的发展离不开深度的数学学习，而深度学习发生在挑战和能力的交汇处，即所谓"伸展跳跃的学习"，它可能会带来认知不适。我们应该让学生在认知遇阻、认知冲突与认知失衡等多种认知不适的体验中学习。

（3）优化"倒叙"课堂，"倒"出知识的挑战

北京师范大学刘坚教授认为，指向核心素养的数学教育更加注重经历与体验，注重高阶能力与独立思考，注重批判性思考。高阶能力的培养需要挑战性学习。

在课堂教学中，新知引入的那段时间可以说是学生思考的黄金时间，也是教学的黄金时间，在此，我们应该把"黄金"知识放在一节课的开头，也就是把最难的事情放在学习之始，让学生在精力旺盛、头脑清醒的时候去迎接挑战。

然而，传统教学往往采用的是从易到难的教学程式，对此，我们不妨采用"倒叙"手法，把最后的、最难的问题前置到课堂一开始，让学生在挑战困难中自己采用"从简单到复杂"的研究思路化解困难，这样也就衔接到了原来教材安排的从易到难的教学程序。

例如《多边形的内角和》一课，除了前面所说的"顺叙"教学，我们也可以采用"倒叙"教学——给学生的任务由难到易：一开始就出现难题"十五边形（甚至更多边形）的内角和是多少"，让学生解决复杂问题时能够主动想到"化繁为简""从简单问题想起"，回到知识的原点——从最简单的三角形的内角和开始研究。

真实场景:
让学生的学习有"真情"与"实感"

我们再来重温一下建构主义教学设计原理中的话:"让学生在真实的教学情景中带着任务学习。"这告诉我们:任务设计应该更多地基于真实。

教育的出发点是生命,落脚点是生活,教育的任务就是让学生学会生存与生活。越来越多的研究表明,解决基于真实任务的数学问题是培养学生数学素养的有效途径。把数学问题还原为真实任务,将"用户思维"嵌入学习研究中,不仅可以让学生看到知识的有用,学会用数学的眼光观察世界,而且可以让学生有真实的"获得感",提高学生分析解决实际问题的能力。如此,知识才算是被真正消化成为营养,中国互动媒体集团 CEO 洪晃说得好,你学到的知识只有消化了以后才是营养,不然就是脂肪。

一、任务创设要有"真情景"

任务驱动学习中,在创设任务情景时,承载任务的输入材料应尽量来源于真实的生活,任务进行的背景也应尽量贴近生活实际。

1. 任务的真实应考虑学生的年龄

(1) 小学生喜欢听童话

当然,"真实"是相对的,任务情景设计可以采用非真实材料。在低年级教学中，教师经常会创设一些诸如"动物运动会"等教学情景，此时，尽管这样的情景是"假"的，但低年级儿童尚处在"活在童话中"阶段，他们也会有真实的感觉。特别是他们扮演小动物的时候，更加有真实感。

图1

例如苏教版教材《分类统计》一课，教材创设的"动物运动会"情景（图1）就让学生感到特别有趣，尽管这样的情景是虚拟的，但学生会把"动物运动会"想象成"学生运动会"，所以这样的虚拟情景不仅有趣，同时也具有人情味。

不过，这样的情景尚构不上任务，因为学生统计的动因依然源自教师的要求，这样的任务看上去更像一种指令甚至命令，而不是学生为了解决一个生活问题自发的行动，也就是说，这样的趣味情景只为学生提供了素材，还算不上为学生设计了任务。

要让上述指令式教学成为任务驱动式教学，我们可以赋予情景以实际意义："举办运动会，如果你是裁判长，那么你需要知道什么？如果你是厨师，那么你需要知道什么？"自然而然地引出按运动项目和按动物种类的分类统计，从而让学生明白："完成的任务不同，分类的标准不同。"这样的教学不仅合情合理，而且有根有据。这样的情景虽然是任务情景，但依然有趣。

（2）小学生喜欢看连环画

低年级学生还喜欢看故事，特别是连环画。如果驱动学生学习的任务设计成连环画形式，学生必定喜闻乐见。例如《厘米的认识》一课，我们可以通过学生喜欢的连环画故事情景（如图 2）导入"测量单位的统一"。

图 2

2. 任务的真实应考虑学生的生活

随着学生年龄的增长和年级的升高，他们的"童话情结"会慢慢转向"现实情感"。我们在对关键概念学习进行情景化设计的时候，应该尽量做到真实。

数学绝不是象牙塔中的学问，它是真实的。法国数学家塞德里克·维拉尼说，人们常常误以为研究数学只是枯坐、冥想、奋笔疾书，其实这是一项极为社会化的活动。你可以在讨论、偶遇以及一系列机缘巧合中找到灵感。他希望通过应用，让数学能够真正融入人类社会。

华东师范大学崔允漷教授多次强调，想让教育更有用，就一定要联系真实的情景，情景化的教学可以让学生明白知识到哪里去，今天学这个知识用到什么地方，让学生感觉到学习的意义。

（1）前推知识镜头的视点，还原到实景中设计任务

美国加利福尼亚大学伯克利分校的让·莱夫教授和独立研究者爱丁纳·温格于 1990 年前后提出情景学习（Situated Learning）。情景学习主张"在哪里用，就在哪里学"。而应用情景就是一种真实情景。

例如《圆的认识》一课，课前教师可以让学生在家里骑自行车感受一下，思考："为什么生活中车轮要做成圆形的？"这个研究任务就是一个基于真实的任务。《圆的周长》一课，我们可以延续这样的真实情景，设计"为了更加快捷，你会选择哪种尺寸的自行车"的调查任务和研究任务，与许多教师经常创设的"车轮直径大，前进的距离就大"的单纯和直接的知识情景相比，这种设计不仅让学生看到了任务情景的"真"——人们的真正需要，更看到了任务情景的"实"——知识的实际用途。当学生看到了知识的有用，所产生的学习驱动力会更强，于是就会"像专家、'师傅'一样进行思考和实践"。

（2）改变知识镜头的视角，切换到实景中改造任务

哪怕让学生疑惑的"进水管和出水管"问题，在生活中也真实存在，只是教师在编写题目的时候省略了真实场景的描述，才让学生感觉不真实。

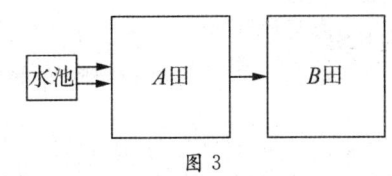

图 3

例如生活中经常这样进行农田灌溉（如图 3），这时 A 田就既进水又出水。

甚至，我们可以把"进水管和出水管"题目改成："小明用手机玩游戏 5 分钟掉 3％电量，用充电宝充 3 分钟加 2％电量。请问：小明边玩游戏边充电，手机需多久才能充满？"这一场景学生并不陌生，借由这样的场景导入，或许学生对"进水管和出水管"这样的数学模型也就不会再有不真实感。学生就会明白，数学题不是凭空编造出来的，不是用来故意为难我们的，数学是"真"的，并且真的很有用。

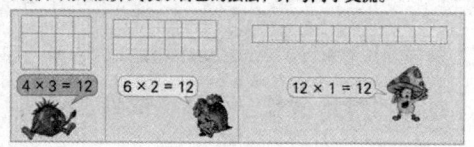

① 用12个同样大的正方形拼成一个长方形。每排摆几个，摆了几排？用乘法算式表示自己的摆法，并与同学交流。

$4 \times 3 = 12$ | $6 \times 2 = 12$ | $12 \times 1 = 12$

$4 \times 3 = 12$，4和3都是12的因数，12是4的倍数，也是3的倍数。

图 4

又如"因数与倍数"是数论的研究内容，好像在生活中几乎用不到，教师也大都把它设计成一个拼长方形的操作任务（如图4），以唤起学生的兴趣。其实，我们完全可以拿例题中"12"这个数做文章，布置学生研究"为什么在生活中频频看到'12'"的任务：一筒羽毛球一般是12个，一箱牛奶一般是12盒，铅笔一般是12支装，水彩笔一般是12色……这些，都与12是较小整数中因数较多的一个数有关系。正因为这样，总数是"12"的物品包装方法可以多样化，也更加灵活。而水彩笔之所以一般是12色，一方面是因为自然界有红、黄、蓝三原色，经过组合就成了3的倍数的12种颜色，另一方面12支也便于包装。也正因为12是较小整数中因数较多的一个数，数学教材所用的素材也特别"青睐"12这个数。

另外，我们还可以给学生补充"生活中为什么时间不是十进位制"的相关材料：相传埃及人划分白昼的方法是看手，他们是依据指关节的数目定小时的，除拇指外，双手其余四指的关节数总和都为12。当然，埃及人偏爱12多于10的另一个有趣的原因，也可能是12的约数比10的更多，方便计算。

明白了如此的"数论"，学生在学习中是否对"12"有了更多的"真情"与"实感"了呢？

在教学中，有时候尽管情景是真实的，但未必会激发学生学习的真实需要。例如《小数的初步认识》一课教材呈现的例题情景（如图5）。这一情景欠缺"实感"，所以就难有学习需要的"真情"。那么，如何让学生认识小数的需要真正发生呢？

图 5

有一位教师截取了如图 6 的生活实景，多数学生根据生活经验会产生错误认识，有的学生会认为 1 米 5 厘米是 1.5 米，有的学生会认为 1.2 米是 1 米 2 厘米……因为这是生活中买票时经常会遇到的情景，基于现实需要就很好地引发了学生想弄明白的学习需要。所以，我认为，在任务驱动学习中，学生有"真需要"的情景才是"真情景"。

小明身高1米5厘米

图 6

3. 任务的真实应考虑学生的感受

（1）有一种假情景叫"生活中真有但现在没有"

上述童话情景之"虚假"，其"虚"更多的是一种"虚拟"，其"假"更多的是一种"假借"，这样的"无中生有"，学生本来就知其"无"，我们需要警惕的是另外一种情景的虚假，尽管它打着生活的名义，但它属于真的"无中生有"，是一种欺骗。

曾经我听一位数学教师教学"分数的认识"，她创设了"今天是老师的生日"的情景，以此设计"分蛋糕"的任务。对"今天是老师的生日"之巧合，我心存怀疑，偷偷问一旁的学生："今天真的是你老师的生日吗？"他偷偷回答我："那是（老师）说说而已。"我倒吸一口冷气，不难想象他的老师之前已经不止一次这样欺骗学生，骗得学生都知道老师的套路了。

还有一位数学教师教学"加法交换律"，她创设了"我们学校马上要开运动会了，有跳绳和踢毽子两个比赛项目……"的情景，以此设计"统计人数"的任务。课后，我问上课老师是否真的要开运动会，她回答这是她创设的情景，我建议没有必要编造虚假情景，可以用"某一所学校"来替代，她回答："用我们学校可以让学生感觉更亲切更真实。"呜呼，这就是教师所理解的情景的真实。可悲！

上述教师创设的这些任务情景，虽然在生活中确实会出现，但这并不是我们所说的"生活的真实"，与其编造这样并非确有其事的情景，不如编造一些虚拟的故事情景，至少学生一开始就知其"虚假"，不会有受骗的感觉。

（2）有一种假情景叫"生活中真没有"

还有一种"故事"则纯粹是人为编造的，具有很强的欺骗性。

例如《数字与编码》一课，教师出示了这样一则通缉令："前不久，一名李姓罪犯逃窜至阳光酒店，大街上贴出了通缉令（如图7）。警察立刻排查出当天入住阳光酒店的李姓人员名单以及他们的身份证号（如图8），那到底是哪个呢？今天我们就来研究身份证号传递了哪些信息。"

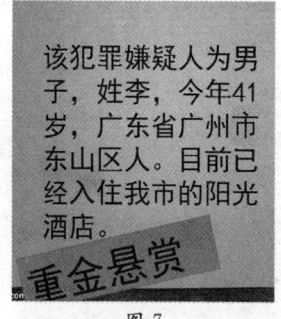

图 7

入住阳光酒店李姓客人名单

姓名	房间号	身份证号
李军	6023	331203197301056093
李帅	1126	440102197604220452
李美芳	4013	440103197601202382
李晓辉	5021	440102198306151213
李学亮	1017	362203196603222010
李建国	7207	440107197303111317

图 8

在实际生活中，公安局既然发布了通缉令，就表明已经确定了嫌疑人的具体身份信息，怎么会出现只知道嫌疑人的姓而不知道其名的通缉令？进一步看，既然知道嫌疑人入住的酒店，直接抓捕即可，何须发布通缉令？难道不怕走漏风声吗？再进一步看，只有当入住的酒店中出现同名同姓、同性别的人的时候，才需要再看其他人的身份证信息，何况通缉令上应该还有照片供人比对呢！经过如此鉴定可知，这一"破案"的任务情景是虚假的，会误导学生。

二、任务解决要有"真结果"

看到一篇题为《是谁扼杀了孩子的创意》的文章——

2013 年，有一位家长给我看她二女儿的考卷："下列哪一种东西会长大？①桃树②小草③种子。"我一看傻眼了，它们都会长大呀！结果标准答案是②，因为课本上说"桃树会开花，小草会长大，种子会发芽"。

有一点生活常识的人都能看出这是一道开放题，却愣是被教师弄成了一道非此即彼的选择题，"标准"答案让人啼笑皆非，由此可以看出教师的教学常识并不基于生活常识，而是基于应试常识——符合标准答案才能得分，不管其是否符合生活的真实。

1. 任务的真实应考虑结果的求实

（1）保持求实的态度才会有合情合理的判断

曾经看到这样一道数学试题——

小明和小洪投飞镖的成绩统计表

小明	5	6	7	8	9
小洪	10	4	7	7	7

问：根据上面的 5 次成绩，谁的表现好？

这道考题的标准答案是：两人的表现一样好。依据是：总成绩或平均成绩相等。

这道考题之所以有标准答案，是因为它要学生完成的是书本上的知识任务——检测学生是否掌握了平均数知识。如果把它从试卷上撤下来，放之于生活中——"根据上面的 5 次成绩，如果你是教练，会选择谁参加比赛？"这样实实在在的生活任务，与常见的数学题目不同，学生回答起来当然另当别论。判断谁的表现好不能只看总成绩或平均成绩，还要看他们的发挥情况：第一种观点是小洪有一次投中了 10 环，由此判断他有冲击冠军的实力；第二种观点是小明虽然每次投中情况都不相同，但都稳定在 7 环左右，由此判断他的水平更为稳定；第三种观点是小明的成绩一次比一次好，由此判断他更有潜力。

由此可见，把课堂中纯粹的数学问题还原成生活中的真实任务，答案也会变得真实，学生此时要做的不是解题，而是解决问题。在真实的生活中，很多事情是不可预测的，我们应该多设计一些真实任务，让学生因任务的"真实"而获得学习的实感。

其实，设计真实的任务，例如上述的选拔任务，不仅可以让学生感到问题解决的真实性，而且丝毫不妨碍教师检测学生掌握知识任务的实际水平，因为学生在讨论中依然会涉及平均数知识的运用。更重要的是，真实任务完成的真实过程，还能发展学生的思维能力和思辨能力。

（2）保持求实的态度才会有合情合理的策略

很多时候，真实任务的完成、学生讨论的内容不一定总在数学知识中打转转，其涉及范围可能会更广。史宁中教授曾经举过一个"跳绳比赛"的例子："一班和二班各派 10 人参赛，已赛完 9 组，将派最后 1 组参赛，一班有甲、乙两名同学可选。两名学生最近的成绩如下：平均数一样，甲跳跃比较大，乙发挥比较稳定。"学生回答时，通常会选择乙——在平均数相同的情况下选择更稳定的，考虑到了"人情"。但还有一些学生的回答则更进一步，不仅看到了个体情况，而且还考虑了团队的整体情况："根据前 9 局比赛的结果，如果一班领先，就派发挥稳定的乙参赛；如果一班落后，就抱着冲一冲的心态，派甲参赛。"显然，后一种回答在应用统计知识的同时结合了具体情景并融入了自身的活动经验，显示一定的策略意识。

2. 任务的真实应考虑结果的"诚实"

我们已经知道，"任务的真实"，其意有二：一是指任务的题材应该真实，二是指任务的完成应该真实。两者相辅相成，缺一不可。其中，"任务的完成应该真实"，其意也有二：一是任务的结果应该求实，二是任务的结果应该"诚实"。开场不能让学生感到虚假，同样，收场也不能让学生学会虚假。也就是说，教师不能单纯地为了知识的灵活运用而弄虚作假，牺牲实事求是的做人做事准则。

例如有一节课中有这样一个问题："某旅行团由 6 个成人、4 个小孩组成，他们来到某景区游览。该景区成人票 40 元/张，儿童票 20 元/张，另推行成人团体票 30 元/张（限 10 人及 10 人以上购买）。"一般解法是：$6 \times 40 + 4 \times 20 = 320$（元）。结果，教师又引导学生发现：如果把 4 个小孩当作成人，则满足购买成人团体票的条件，10 人购票总计需要 300 元。显然，从知识层面看，后一种方案比较省钱，是一种"最优化"的解决方案。然而，在现实中，这样让小孩子冒充成人的方案可行吗？既然不真实，又何谈"最优"。

数学教学，从大处看，是数学教育。教书，勿忘育人。数学教育倡导的理性精神不能摒弃客观公正、实事求是的行为准则。

三、任务驱动要有"真力量"

罗振宇在《好的老师，把知识唤醒给你看》一文中写道："坏的老师，让活的知识死去。好的老师，为死的知识赋予灵性，顺便撩拨起每一个围观者的欲望。"我认为,"把知识唤醒给学生看"的一种做法是让学生能够真实地看见知识的内在力量。

人类近现代对"学什么"有三个经典追问:19世纪追问"什么知识最有价值",20世纪追问"谁的知识最有价值",21世纪追问"什么知识最有力量"。那么,什么知识最有力量?我认为,答案应该是对自己最有价值的知识最有力量。在此,其"力量"主要体现在两个层面:一是就知识层面而言,产生解决问题的力量;二是就学生层面来说,产生驱动学习的力量。

1. 任务的真实应让学生有真实的体验

此时再来理解"任务的真实",就不难发现,它不仅指情景的真实,更是指体验的真实,也就是要让学生能够有更多更真实的"获得感",真切地看见知识的力量。任务真实的设计会让知识真正具备强大的吸引力,驱动学生不断去探究。

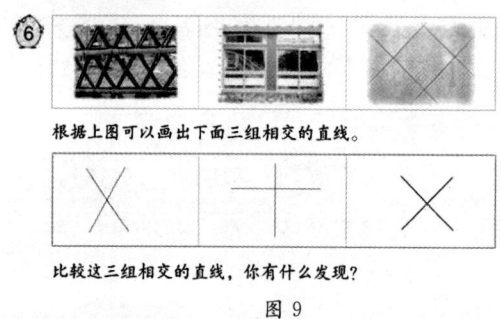

根据上图可以画出下面三组相交的直线。

比较这三组相交的直线,你有什么发现?

图 9

例如教学苏教版《认识垂线》一课,教材创设的情景(如图9)来自生活,不能说它不真实,但学生看见的仅仅是知识的真实存在,未能看见知识的真实力量。或者说,学生看见的仅仅是知识的数量,而不是知识的力量,进而言之,此时学生的"获得感"不强——那种想去获得知识的感觉还不强。对此,列夫·托尔斯泰曾说:"重要的不是知识的数量,而是知识的质量。有些人知道的很多很多,却不知道最有用的东西。"有用的知识更能让学生看到知识的力量,产生学习的力量。

（1）为学生真实提供"问题"而不只是贩卖知识产品

教学可看作推销知识的过程。广告的最终目标当然是推销产品，然而，高明的广告，不是贩卖产品，而是贩卖问题。例如主打"清凉解渴"饮料的广告会着力营造"热"和"渴"的场景，主打"暖心暖胃"饮料的广告会着力渲染"关怀"和"温暖"的氛围……一旦你进入这些场景和氛围，有了真实的体验，接下来对于产品的需求就会顺理成章。所以，想要影响人的行为，最关键的是激发其渴望。教学的最终目标当然是推销知识，激发学生学习渴望的最好的广告，就是让学生看到知识的价值，也就是不只是看到知识的"有"，还要看到知识的"用"。

现在很多人所说的"学习"并不是真正意义上的学习，不过是"把信息当作知识，把收藏当作学习，把阅读当作思考，把储存当作掌握"。《临界知识：让知识爆发惊人威力》一书对"知识"这样定义：那些能够改变你行动的信息。比如"回"字有四种写法是知识吗？该书作者认为，这条信息是不是知识不是一个客观存在，它取决于了解它的人能否使用这些信息改变自己的行为，产生新的结果。由此对照，"回"字有四种写法对许多人都没有产生实质性的影响，也就算不上真正的知识。

知识与知识也是不一样的，有些知识能够比另一些知识更加深刻地改变我们的认知和行为，例如我们原来坚信在科技发达的未来，人类一定可以不老不死，但是美国亚利桑那大学研究人员用数学模型证明身体的衰老和死亡是生物的必然结局。在这里，数学就让我们看到了"有用"。许多时候，"有用"的知识能够让学生看见"知识就是力量"——"有用"会驱使学生学了去用，这样就改变了学生的行为，也就可能会产生新的结果。具有改变力的学习，不再是肤浅的知识存储，而是认知能力（获得知识和应用知识的能力）的提升，以及更重要的，由于认知和行为的对接而产生行为意志。

上述教材中"现实生活中处处有垂线"的情景，学生至多看见的是

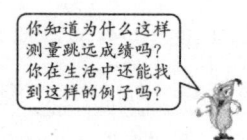

你知道为什么这样测量跳远成绩吗？你在生活中还能找到这样的例子吗？

图 10

知识的身影，仍然缺乏足够大的驱动力去认识它，因为学生缺乏认识垂线实实在在的需要，哪怕它实实在在地存在。假如我们把教材"练一练"中原本属于"学以致用"的体育课中的跳远成绩的测量（如图 10），前置到课首"用以致学"，设计一个大任务："在体育课中，我们是怎样测量跳远成绩的？在体育上，为什么要规定这样来测量跳远成绩？"这样一来，是否更容易让学生感受到知识的力量——所学的知识能够解决心存的疑惑，从而生发探究的力量？

如此，"怎样测量""为什么这样测量"就成了这节数学课的任务："怎样测量"对应着"认识垂线"知识，"为什么这样测量"对应着"点到直线的距离"知识。于是，这节课给学生的感觉不再是"一本正经"的概念课，而是"寻找正经"的思念课，学生完成了探究任务也就完成了知识的学习任务，既解决了心中的疑惑，也得到了知识，可谓一举两得。（详见第三章《体育任务，给学生"不一样"的数学学习》一文）总之，能激发学生"敢问路在何方"而全身心投入探究活动的话题才是真正有驱动力的问题，才有可能被设计成为任务。

（2）为学生真实提供"解释框架"而不只是推送知识信息

学习的功能无非有三：一是为了解决问题，二是为了解释问题，三是为了预测问题。"怎样测量"更多的是解决问题，"为什么这样测量"则更多的是解释问题。有人说："要影响他人，最重要的不是提供信息，而是提供'解释框架'。"在任务驱动学习中，我们就可以把任务放进"解释框架"中，以学生想要的方式来对学生施加影响，驱动学生主动学习。例如教师提供给学生"为什么要这样"的解释框架，让学生去探究其中的缘由，可以让学生直接看到知识的有用，从而欣然接受这样的真实任务。

音乐人高晓松对"知识"如此解读："知"就是一加一等于二，"识"是指导你这件事背后的原因。可以说，跳远成绩测量方法的解惑，强有力地驱动学生主动进行知识的学习，而"点到直线的距离也就是垂线的长度最短"知识对学生的认识产生了作用：明白了测量跳远成绩之所以选择"测量点到直线的距离"这一方法，是因为它符合操作方便、达成认同的实际需要。并且，经过这一节数学课的学习，学生还明白了"要能够反映出自己的正常水平，获得正确的跳远成绩，必须往起跳线的垂直前方跳"的道理。

明朝王阳明认为"知识不是学问"。例如"点到直线的距离也就是垂线的长度最短"是知识，但这"知识"如果对你没有影响、触动，还不能说是学问。在王阳明眼中，知识只是死的、没有态度的东西。而学问，则是在我们心中得到印证、得到体悟的知识。这其中最大的差别就是有没有在自己内心印证过，体悟过。由此可见，"为什么这样测量"不仅仅是知识，更是学问。

2. 任务的真实应让学生有真实的触感

这样基于真实场景的任务设计，让学生获得了对知识的触感，知识不仅"看得见"，而且"摸得着""用得上"。研究表明，人们需要通过触感来激发求知欲。如果我们能够在现实中感知到知识的存在，以及坚信知识能解决实际问题，我们的求知行为就会进入良性循环。长期对知识缺乏触感的人，往往对知识满不在乎，而能够真实触摸到知识的人，更容易获得汲取知识的快感。

例如学习"千克和克"之后，我们可以向学生介绍全国劳动模范张秉贵令人称奇的"一抓准"的技艺，由此激发学生"试比高"的热情，回家后苦练技能，培养量感。

又如学习"比的认识"之后，我们可以让学生课后或回家根据不同

牛奶: 80ml 120ml 200ml
红茶: 40ml 100ml 200ml

牛奶与红茶的比是 80:40   牛奶与红茶的比是 200:100
牛奶与红茶的比是 80:100   牛奶与红茶的比是 200:40
牛奶与红茶的比是 80:200   牛奶与红茶的比是 200:200
牛奶与红茶的比是 120:40   牛奶与红茶的比是 120:200
牛奶与红茶的比是 120:100

图 11

的数据用牛奶和红茶配制不同口感的奶茶,并用比来记录配方(如图 11)。然后让学生进行品尝,同时思考:哪种配制奶味十足?哪种配制茶味十足?哪两种配制口感一样?各种口感带给学生实实在在的触感,让他们切身体验到了配方中比的使用价值。

再如学习"比的认识"之后,我们还可以让学生课后或回家做"浮在水面上的鸡蛋"的实验活动,让他们亲眼观看,随着盐水浓度的增大,盐水产生的浮力也逐渐增大,当浮力增大到一定程度的时候,鸡蛋就能浮在水面上。

最后,值得一提的是,上述"认识垂线"任务驱动学习的整节课,让学生感觉到只是在专注地做一件事,而不再是一个个知识和一个个环节的组合。也就是说,真实的"大任务"成了撬动整节课教学的一个支点,轻而易举地驱动学生自主而高效地学习。

另外,在数学课上研究体育课中的事情,还会产生一种新奇的"跨学科效应",任务所包含的数学问题又让学生产生一种好奇感。又如上述"浮在水面上的鸡蛋"的数学实验任务无疑可以跨界到物理学科。

当然,如果"认识垂线"这节数学课让体育老师帮你上,或者把教室搬到操场,让学生在实际测量中完成"认识垂线"以及"点到直线的距离"知识的学习,这样的与众不同或许真能取得意料之外的教学效果,"你的数学是体育老师教的"也就成了可能。

四、任务完成要有"真获得"

英国政治家和文学家切斯特菲尔德说:"知识有重量,但成就有光泽。有人感觉到知识的力量，但更多的人只看到成就的光泽。"在任务驱动学习中，我们应该让学生在完成任务后能够透过"成就的光泽"——知识所产生的财富，产生学习的驱动力，去发现和感受其中所隐含的"知识的力量"。

1. 任务的真实应让学生看到"知识创造财富"

捷克小说家米兰·昆德拉说，生命是一棵长满可能的树。知识的力量是无穷的，管理好知识，就可能创造更大的生活财富。下面的故事就能很好地让我们知道"知识有什么用"和"知识可以干什么用"——

古希腊哲学家泰勒斯年轻时穷困潦倒。一次，一个商人当着全街人的面对泰勒斯冷嘲热讽："听说你知识渊博，可是，知识能给你带来什么呢？是黄金？还是面包？"泰勒斯没有理会商人们的嘲笑，只在心里默默发誓：我会用事实来让你们知道知识有什么用。

泰勒斯综合各方面的知识推断出第二年将是一个橄榄丰收年。冬天，他用低廉的价格将当地所有的榨油器全部租了下来。

第二年，橄榄果然大丰收，许多商人都想收购、榨油。可是，他们奔走了许久都没租到一台榨油器。曾经挖苦过泰勒斯的几个商人不得不跑到泰勒斯家门口苦苦哀求。泰勒斯说："我去年运用知识就能预知今年的光景，你们说，这是不是知识的力量？"在场的所有商人哑口无言。

无疑，在教学中，能够产生财富的任务，更能吸引学生去完成。例如面对"小红家的自来水管怎样连接可以节省材料？"这样的实际任务（如图12），节省材料也就是节省费用，学生

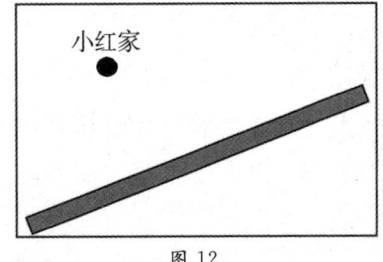

图 12

不仅能够感受到"知识就是财富",而且能够感受到"知识就是力量"。

美国作家威廉·庞德斯通认为,掌握恰当的、足够多的知识是能够致富的,知识多的人挣得也多,而且常识性知识还能带来健康。知识创造财富,不仅指增加人的财产,还包括增加人的常识。一个人不能死读书,很多时候需要在真实场景中综合并灵活地运用各种知识。

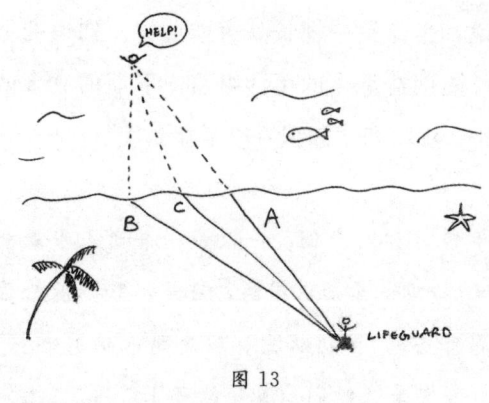

图 13

例如救生员要救一个溺水者(如图 13),选择哪条路径最快呢?从数学角度看,无疑路径 A 最短,但最短并不等于最快,我们还要考虑,游泳速度比奔跑速度慢,所以,综合下来,路径 C 才是最佳选择。也就是说,能够把所学知识灵活用于实践才是真获得和真本领。

2. 任务的真实应让学生看到"知识也是财富"

(1) 帮助学生获得对世界更多的认识

成甲说,知识管理就是通过对外部信息进行加工,提高我们改变认知或行动的速度。除此,管理好所学的知识,还有助于我们更好地感知世界。有意义的深度学习一定不是记住一个结论,而是更新我们对世界的感知并引发更有价值的生命活动。由此可知,任务完成很多时候不局限在为了获得一个知识结论,而是经历一个

图 14

思考与探究的过程，也就是能够获得一种体验，这种体验可能是学习的体验，也可能是生活的体验，还可能是成功的体验。

例如有人发现：不管是大瓶还是小瓶，啤酒瓶盖都是 21 个锯齿（如图 14），一些饮料瓶上的锯齿状瓶盖锯齿也是 21 个。这里面藏有什么学问吗？在学生学习"3 的倍数"之后，可以将其作为一个研究性任务追踪溯源——

19 世纪末，英国发明家 William Painter 为了解决啤酒内二氧化碳外泄问题，进行了好几次 3 的倍数的瓶盖锯齿实验。他发现锯齿太多瓶盖会过紧，锯齿太少则会漏气，最终把锯齿数量定在 24。这一数量一直沿用到 20 世纪 30 年代左右。

后来，人工加盖变成了机器加盖，人们发现 24 个瓶盖锯齿数过多，容易堵住自动装填机的软管，于是改良成 21 齿。

那么，为何选择以 3 的倍数为基准？这涉及物理基础力学的原理，在地球上相对于两点或四点，以三点来支撑物体的状态是最稳定的。但要用三点原理来固定圆形瓶口却十分困难，因此 Painter 才会进行 3 的倍数的瓶盖锯齿实验。

学生在完成任务期间，在学会应用数学知识的同时还收获了物理等其他学科知识，在知道一个关于发明创造故事的同时还收获了一些关于发明创造的方法，这些都将成为学生宝贵的知识财富。

（2）帮助学生获得更多对生活的见识

有时候，任务完成中，思维方法的获得要比知识结论的获得更重要。美国"知识就是力量"项目的前任首席执行官斯科特·汉密尔顿说，有一次，在学校里，有一个女孩问他："我想要成为一名服装设计师，为什么要学代数呢？"汉密尔顿当场被问住了。后来，他打电话问研究教育的认知科学家丹·威林厄姆，很多高中生离开学校之后，很少会在生活中用到代数，为什么他们还要学习代数呢？威林厄姆回答："代数是大脑的体操。代数教大脑如何把抽象的理论应用于实际。"也就是说，代数是座桥梁，连接着理念世界和现实世界。

有研究表明，学生上的数学课越多，十年后他们的收入就越高；高中毕业十年后，学习过高等数学的学生收入比没学过的学生要高19.5%。通过高等数学的学习，学生的思维和各方面能力都会得到提高，尤其是逻辑推理能力，这些能力能让他们在工作中更加高效。学过高等数学的人知道如何处理现实生活中的数学问题，所以他们可以很快地被提拔到对能力要求更高的职位，收入当然也更高。

由此可知，知识本身其实并不重要，重要的是知识教给人的抽象思维能力，而抽象思维能力就如同人思考时的指南针。正如伊顿公学校长威廉·考利所说，学到的知识，很大一部分会被忘却，而被忘记的知识的影子会成为你的铠甲，保护你不被愚昧反噬。所以，在任务驱动学习中，学生完成任务，不只是为了获得"真知"，更是为了获得"灼见"。

在世界教育思想史上，曾有"实质课程"和"形式课程"这样一对概念，前者指称的是学习内容的实用价值，后者指称的是学习内容的心智训练的价值。它给我们的思考是：任务驱动学习中，怎样的任务设计可以让课甚至课程"价更高"？我们希望老师设计的真实任务能具有两方面的价值，既有实用价值，又有智慧价值。

省察反思：
让学生踏实坚定地走在学习之路上

数学教学提倡反思性学习，因为它是学生自主学习的重要表现，是自我教育的开端。对于自主学习的认识，有人曾这样说："相当多的人对'自主学习'等做了望文生义的理解，将'自主学习'理解为学生独自学习，等同于学生'自学'；将'自主学习'与'接受学习'对立起来，因而避讳甚至否定、摒弃课堂讲解。其实，自主学习是指学生具有这样一种高贵品质，能够在学习过程中做到'自我导向、自我激励和自我监控'。"而"自我导向、自我激励和自我监控"就是自我反思，任务驱动学习更需要学生反思能力的提升。

学生学会了反思，就可以更好地实现"自我导向、自我激励、自我监控"的自主学习，但学生受制于学习水平，有时候会缺乏"自知之明"，或者受阻于知识水平，有时候会缺乏"自治之力"，此时，就需要求助教师，对此，教师应该及时给予反馈和帮助。

一、让学生在自我反思中踏实前行

电影《寻梦环游记》导演李·昂克里奇说，即使在展望未来时，我们仍应该为我们的过去而庆祝。学生的学习同样应该如此。

然而，许多教师只是简单和片面地把"学生的学习反思"局限地理

解为学习之后的回顾、复习与整理，所用套路
大致是 2－3 分钟的"全课总结"，这种流于形
式的逢场作戏常常达不到反思的作用。

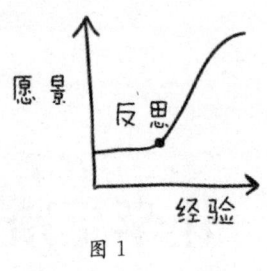

图 1

其实，反思不仅仅是学习之后的反思，还
包括学习之前的反思和学习之中的反思，真正
的反思应该贯穿学习的全过程，学生随时都可
以进行反思（如图 1）。

1. 学习之前的反思

荷兰数学教育家费赖登塔尔指出，反思是数学思维活动的核心和动
力。加拿大教育学专家马克斯·范梅南认为，反思从某种意义上说是
"思考"的另一种表达形式。反思就是思考，"但是在教育学领域，反思
含有对行动方案进行深思熟虑、选择和做出抉择的意味"。

"对行动方案进行深思熟虑、选择和做出抉择"，在学习之前，特别
是在自主学习之前，面对学习的任务目标，学生首先会反思目标是否有
价值，也就是进行学习的必要性分析，当学生发现这样的学习任务目标
对自己"有用"时，才会产生自主学习的动力。可以说，学生在学习之
前是否拥有反思权，是判断教师能否以生为本、以学定教的指标之一。
引导学生从终点逆向出发（以终为始），来评估自己现在的学习是否值
得，这种反思有助于学生具有学习的远见。

例如学习"乘法的意义"，教师可以让学生在课前用算式表示 100 个
2 相加的和。当学生感觉书写麻烦的时候，就可能会主动进行反思，发
现都是"2"在相加，于是联想到用省略号的形式表示："$2＋2＋\cdots\cdots＝$"
"$2＋\cdots\cdots＋2＝$"。在上课时，乘法形式的引出就成为学生发自内心的
呼唤。

知识结构相同或相似的学习内容，更容易引发学生学习之前的反思。
英国记者史蒂文·普尔在《重新思考》一书中写道："我们会忍不住地以

为，新的环境需要新的想法。但有时新的环境也会给旧想法开启新的空间，旧想法可能最管用。吊诡的是，对新环境的最佳应对措施是回到旧的思考方式上。"

例如在《梯形的面积计算》学习之前进行反思的时候，就可能会想到前一节课《三角形的面积计算》的探究方法——用两个完全一样的三角形拼成平行四边形来推导三角形的面积计算公式。

2. 学习之中的反思

学生的自主学习，还离不开学习之中的反思。其实，学习之前的反思也大都是学习之中的反思，因为从学习大背景看，新知识的学习大都是原有知识的迁移和以往学习的延续。

（1）反思有助于学生知"道"

知识迁移需要"深度学习"，而反思是深度学习的必要条件。因为反思不只是处理"是何（what）""如何（how）"的问题，更是处理"为何（why）""若何（what if）"的问题。当学习需求明确之后，学生进而会反思实现目标是否有可能，也就是进行学习的可行性分析，当学生发现自己有能力或能力不够但有资源（包括老师和同学的帮助）去完成任务，之后的学习才会实现自主。其间，在完成任务的方式方法上，特别是有多种方案时，学生还需要进行选择。

例如学习"3的倍数的特征"，学生根据之前"2、5的倍数的特征"的学习经验，直接以个位数是3的数为例来判断，结果探究失败，于是学生主动选择另一种方案，回到探究的原点，对3的倍数进行观察，发现个位数0—9都有，至此学生又一次反思，发现观察个位数无法判断，于是尝试寻找新的探究方案。此时，有学生发现18和81这两个数个位和十位上的数交换位置之后仍是3的倍数，还有学生进一步发现9、18、27、36、45、54、63、72、81、90这些3的倍数都在百数表同一斜线上（如图2），经过反思，学生形成猜想——"3的倍数要看各个数位上的数的和”，接着进行验证所发现的规律。最后，教师引导学生与之前学的“2、5 的倍数的特征”对比反思，学生一下明白教材“2 的倍数的特征”之后没有接着编排“3 的倍数的特征”却跳到“5 的倍数的特征”的原因。

1	2	3	4	5	6	7	8	9	10
11	12	13	14	15	16	17	18	19	20
21	22	23	24	25	26	27	28	29	30
31	32	33	34	35	36	37	38	39	40
41	42	43	44	45	46	47	48	49	50
51	52	53	54	55	56	57	58	59	60
61	62	63	64	65	66	67	68	69	70
71	72	73	74	75	76	77	78	79	80
81	82	83	84	85	86	87	88	89	90
91	92	93	94	95	96	97	98	99	100

图 2

（2）反思有助于学生知“情”

学习之中的反思，不仅能够使得学习之路变得越来越清晰，而且能够让学生看到自己的学习进程距离任务目标越来越近，能够清楚地知道自己目前的学习状况。

美国教育学家布卢姆指出，有效的教学始于准确地知道期望的目标。我是这样理解这句话的：一是知道期望达到的准确目标是什么，二是准确地知道离期望达到的目标还有多远。“盯着目标”就是一种元认知意识。有人说：“一个人能走多远，取决于他知道自己走了多远。”同理，学生在学习之路上能走多远，也取决于他知道自己走了多远，离目标还有多远。从这个意义上讲，成功的含义不在于最终拿到了什么，而在于你从那个奋斗的起点走了多远，获得了哪些经验。

学生在学习中反思，自觉地完成对学习进程的自我监控、自我评价与自我调整等，不仅涉及“元认知”——对认知过程本身的反思（这是反思学习中最为核心和复杂的方面），而且涉及"自我监控学习"中学生的反思在自身学习过程中的运用，还涉及"多元智能理论"中将"反省智能"看作人的智能结构中一种基本的智能类型。

例如上述"3 的倍数的特征"的自主探究中，学生所经历的从"柳暗"到"花明"的学习过程，就清晰而深刻地标记着学习的曲折，随着曙光的到来，学生会获得越来越强烈的成就感。

3. 学习之后的反思

学习之后的反思，从一定程度上说确实是总结，但此时的总结不能只总结成功的经验，还需要总结失败的教训；此时的总结也不能只进行整理与复习，还需要提升与拓展。

在西方教育研究中，最早明确提出反思概念的是杜威。杜威将反思称为"反省思维"，并认为，"这种思维是对某个问题进行反复的、严肃的、持续不断的深思"。那么，在知识总结阶段，如何做到"对某个问题进行反复的、严肃的、持续不断的深思"呢？我认为，可以在以下几方面着力：

（1）"返思"——时间上返回来想一想

"返思"，也就是回忆。有人说："我喜欢回忆，是因为回忆是我们审视自己生活的过滤器。"在任务驱动学习中，让学生喜欢回忆，同样是因为回忆是学生审视自己学习的过滤器。

知识的总结特别是全课的总结，应该是一件"严肃的"事，应该具有一定的仪式感。从知识上讲，学生应该具有任务完成的成功感和获得感，从情感上讲，学生应该具有任务完成的光荣感和幸福感，所以不能匆匆了事和草草了事。

例如有一位教师在教学"圆的认识"的时候，故意把一些知识点在黑板上写得杂乱无章，等到全课总结的时候，学生无法照"板"宣读，只能进行真正的整理：大多数学生先整理半径再整理直径，因为老师是按这种顺序教的；而有一位学生则先整理直径再整理半径，因为他认为先有直径再有半径，这一过程就是深刻自我反思的结果。教师趁机让学生进一步思考："直径与半径，都需要一一整理吗?"学生豁然开朗，只要掌握了它们之间的关系就掌握了它们的特征，还有学生提出只要记住半径的"半"（直径的一半）就行了。这样的反思，将书本知识升华，促成了个人知识的形成。有如此个性鲜明并能产生"新意"的反思，学生还会不喜欢这样的全课总结吗？

"返思"不仅仅是返回本节课的学习，还可以返回前几节课的学习，对之前的知识进行重新思考。史蒂文·普尔对"重新思考"进行过这样的解释："再次思考某个想法，或者改变你对它的看法。"

例如学习了"梯形的面积计算"，再"返思"前几天学过的"三角形的面积计算""平行四边形的面积计算"，学生就可能发现：当 $b=0$ 时，梯形面积计算公式" $S=（a+b）h÷2$ "就成了三角形面积公式" $S=ah÷2$ "；当 $a=b$ 时，梯形面积计算公式" $S=（a+b）h÷2$ "又成了平行四边形面积公式" $S=ah$ "。

又如学习了"圆环的面积计算"，如果让学生"返思"前一天学过的"圆的面积计算"，学生可能会发现当 $r=0$ 时，圆环面积计算公式" $S=π（R^2-r^2）$ "就成了圆的面积计算公式" $S=πR^2$ "；如果让学生再"返思"以前学过的"梯形的面积计算"，学生又可能会发现把圆环化曲为直后，圆环的面积也可以用梯形面积计算公式进行计算。

如此接二连三的"返思"，可以让一些看似零碎、孤立的知识环环相扣。知识得到"沟通"后，便于学生举一"返"三和举一反三。

达尔文指出，最有价值的知识是关于方法的知识。学生反思时，除了要反思"知识是怎么回事"，还要反思"我是怎么学的"，也就是说，除了反思知识内容，还要反思学习方法，甚至学习态度，使自己更加全面、深入地了解自己的优势与不足，从而寻找到最适合自己的学习方法。

（2）"反思"——角度上反过来想一想

事物都具有两面性，从正反两方面思考问题有助于学生进行深度学习，提升学生的辩证思维。科学研究发现，善于逆向思维的人更聪明。这是因为人（其他动物也一样）的进化是单向的，他们本能地向前，拒绝后退，习惯加法思维而不习惯减法思维。我们可以做一个测试：从 0 开始每次加 7 直到 98，和反过来从 98 开始每次减 7 直到 0，所用的心算时间分别是多少。无疑，加法要快得多。所以，我们要经常训练学生反过来思考问题。

例如学习了"正比例的意义"，在课终启发学生反过来思考："有正比例，有没有反比例？如果有，反比例的意义会是怎样的？"于是"反比例的意义"就成了学生自主学习的一个目标任务，自然接续到下一节课的教学内容。

又如学习了"解决问题的策略：从条件想起"，在课终启发学生反过来思考解决问题的策略能否从问题想起，经过尝试，学生发现同样想得通，同样可以解决问题，随之学生又会反过来思考："既然可以通过从条件想起解决问题，为何还要学习从问题想起解决问题？"这一困惑便成为后继教学需要解决的任务。

逆向思维作为一种方法论，具有明显的工具意义，用好了能打开认识新世界的大门。在任务驱动学习中，逆向思维可以创造出更多新的知识、新的认识和新的见识。

反过来思考，除了可以链接到下一节新课的教学，还可以链接到本节课后一部分知识的教学。例如"图形的放大与缩小"这节课，学生学习了"图形的放大"知识之后，下半节课的"图形的缩小"就可以让学生自己根据"图形的放大"反过来思考，然后选择一个图形自由缩小，最后学生汇报时，既可以像"老师"那样讲解自己是怎样进行图形缩小的，也可以以"同学"的身份评价其他同学的作品。

反过来思考，除了可以链接到后续知识的新课教学，还可以链接到教材并没有编排课时但也是后续知识的探究。例如学习了"加法和乘法交换律"，在课终启发学生反过来思考："加法和乘法有交换律，减法和除法有没有交换律?"这一探究与"有没有反比例"相比，区别在于后者成功而前者失败，但这有利于帮助学生形成完整的认知，让学生带着问号走出课堂。

反过来思考，除了可以链接后续知识，还可以链接已经学过的知识。例如学习了"分数的意义和性质"，教师可以让学生把"女生人数是男生的 $\frac{1}{3}$"这一含有分数的关系句反过来看，就会发现说法变成了"男生人数是女生的 3 倍"，由此沟通了新学的分数知识与已学的倍数知识之间的联系。

（3）"翻思"——层次上翻开来想一想

弗赖登塔尔认为，数学思维的发展主要是指由较低层次上升到更高的层次，但是，"只要儿童没能对自己的活动进行反思，他就达不到高一级的层次"。所以，在引导学生反思时，我们应该帮助学生把一些没看到的内容"翻开"或把一些已看过的材料"翻新"。

一是深度上的提升。例如学习了"三角形的三边关系"，在反思时，教师不妨让学生翻到以前学过的"两点之间线段最短"这一知识，从演绎的角度重新认识通过实验归纳出的"三角形的三边关系"，使知识的可信度更高。

二是广度上的拓展。例如学习"乘法分配律"时，在课终教师可布置这样一道练习题——"计算 $25×44$"，因为这节课学的是乘法分配律，由于思维定式，许多学生会把它转化成"$25×（40+4）$"进行简便计算。在此，教师启发学生联系乘法结合律"$25×4×11$"进行简便计算，翻开了简便计算方法多样性的新篇章，打开了学生的思路。

$$\begin{array}{r} 25 \\ \times 44 \\ \hline \end{array}$$

图 3

还有一位学生发现把"25×44"用乘法分配律进行简便计算"$25 \times (40+4)$"与以前的用竖式计算"25×44"（如图 3）原理是一样的，只是横式与竖式的区别，这一"翻思"，翻新了许多学生"$25 \times 44 = 25 \times (40+4)$"这种横式形式才是简便计算的思想认识。这正如数学教育家波利亚所说，如果没有了反思，他们就错过了解题的一次重要而有效益的方面。

至于"25×44"用乘法分配律还是用乘法结合律进行简便计算、用横式还是用竖式计算，还得让学生根据自身喜好和习惯决定，教师不能强迫或替代学生决定，这也就是"反思"的另一层意思——"反身思考"，即主体以自身（自身的经验、行为或自身的身心结构等）为思考的对象，它区别于主体对自身以外的客体的思考。在反思学习中，学习者既是学习的主体，也是学习的对象。

"翻思"，除了往前翻，更要往后翻，既要让学生看到知识的过去，更要让学生看到知识的未来，这样的反思性学习才能继往开来。

例如学习了"一一间隔"，往前翻，学生能够看出它的本质是之前学过的"一一对应"思想，往后翻，学生就可能继续推导出"一二间隔""一三间隔"……"二二间隔""二三间隔""二四间隔"……而这些正是高一年级将要学习的"周期规律"。

"翻思"，除了能够在知识与知识之间互相"翻译"，还可以在知识与生活之间互相"翻译"。

例如由"间隔问题"可以联想到生活中的"植树问题"，然后又联想出许多实际问题（如图 4），这是把书教厚的过程，也是模型的"化开"过程，让学生能够举一反三。构建数学模型的目的在于解决实际问题，而这种构建本身就是一种"再创造"；反过来，这么多实际问题最终都可以回到"间隔问题"，这是把书教薄的过程，也是模型的"化归"过程，让学生能够举三反一。由此可见，有时候，供学生反思的起始问题不在

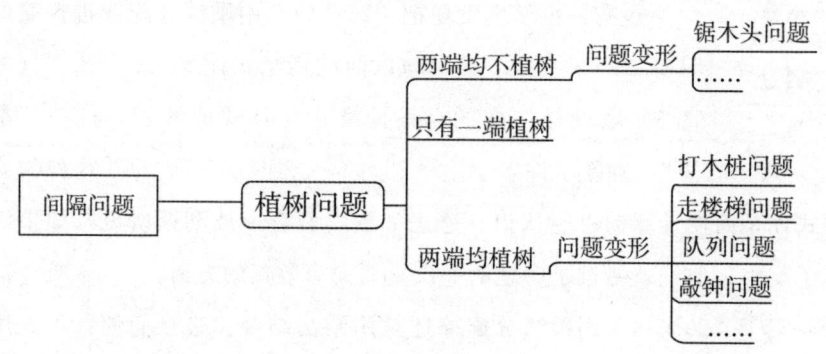

图 4

于多，而在于能够翻来覆去地不断"翻思"——"反复思考"，即能够"对某个问题进行反复的、持续不断的深思"，才可能获得一本"正经"，获得新的认识。所以，荷兰哲学家斯宾诺莎说："反思是认识真理的比较高级的方式。"

值得一提的是，给学生布置写作任务也有助于学生反思，例如写数学日记或数学周记。美国学者马雷在《写作与学习》中概括了"写作—思考"的过程：写得越多，你会越了解你所学的学科，了解世界，了解自我。我们描写自己已知的东西，更多的是探索。所以，写数学日记或数学周记，是一种反思，也是一种学习，这种学习不单单是已知的再现，还能向纵深发展。

过去我们强调"经验"，但现在，我们更需要关注"方法论"。这两者有什么区别呢？经验关注的是"怎么做"，是一整套执行和操作的模式。但方法论聚焦的是"怎么想"，是关于思维的体系，它的内在构架是逻辑、流程和视角。我们要留出时间对过去的经验进行复盘、反思，由此赢得复利——不断地归纳、升华，把它们变成方法论，努力使所学的零碎状知识结成"知识晶体"，让学生由此拥有一整套可复用的工具箱。要达成这一目标，学生的反思需要向两个维度深入和扩张：一是向内，将经验和操作方法内化、构筑起来；二是向外，不断地吸取新信息、新方法，拓展这个方法论的外延。

二、让学生在及时反馈中坚定前行

教学是师生之间"你来我往"的双边活动，教师需要从学生那里获得信息输入与信息输出有没有衰减、有没有偏离甚至有没有异变的反馈；同样，学生也需要从教师那里获得自己学习情况的反馈，以便及时对原来的学习进行强化、调整或修正。由此可见，反馈是教学活动中关系教学质量、涉及"你（教师）、我（学生）、它（教材）"的一条热线。那么，在任务驱动学习中，如何让这条热线"热"起来发挥更大的能量呢？

1. "游戏思维"：反馈应做到及时

经常听到许多家长说："要是你有玩游戏一半投入的话，你还有什么学不好呢！"

教师与家长一样，也十分痛恨学生沉迷游戏。那种专注、那种迷恋、那种爱慕、那种笑逐颜开……如果这些表情是学习中所有的，那该多好！如今，我已从痛恨转为羡慕嫉妒：既然无法阻止孩子玩游戏，那何不换一种思维方式，用"游戏思维"努力让我们的课堂充满吸引力？由此，"任务驱动学习"应运而生，它主张把学习内容包装成有趣、有疑、有劲、有用、有料的任务，去吸引学生进行一种挑战性、探究性以及持久性、融合性的学习。

另外，用"游戏思维"设计教学的关键还体现在反馈的及时上，哪怕学生爱上学习了，依然需要及时的学习反馈，这样学生才能在学习之路上走得更快、更远、更好。因为游戏让人上瘾的最核心原因，是它提供了日常生活（特别是学校课堂教学）所少有甚至没有的即时反馈，让大脑始终处于兴奋状态。反之，玩游戏上瘾了，怎么戒？有一种做法就是去除及时反馈——玩的时候把音效关了，游戏对大脑的刺激程度就会下降很多。

在有及时反馈的情况下，一个人的进步速度非常快，而且是实实在在的。做事情，反馈周期越久，感觉就越困难。许多人纳闷：我可以连续嗑瓜子一小时以上，为何学习却不行？对此，我们不妨换个游戏规则：只嗑不吃，一个小时后把积累的瓜子仁一次吃完。如此，是不是特没意思？同样是一小时，瓜子仁也没少吃，为什么感觉变了？因为反馈的周期拉长了。

《一分钟经理人》一书中有这样一句话：人之所以会改变，是因为他得到了反馈。一个典型的学习周期是这样的：学习，思考，应用，校正。这个周期越短，学习就越轻松。虽然我们不需要像嗑瓜子那样两秒反馈一次，但要改变那种不重视即时反馈，甚至让学生放任自流的做法。很多时候，学习难是因为学习的反馈周期长。

例如"钉子板上的多边形"一课，我开场讲了一个皮克定理在生活中应用的故事："国外某次数学会议，特地邀请了当地的一位林业官员，他向与会者介绍了如何由森林巡航车从树木位置确定的地域范围来计算含在其中的多边形面积的。"听后，学生获得了一个充满疑惑的探究任务：林业官员是怎样算的呢？

在任务驱动学习中，学生经历了以下反馈和反思过程（反馈和反思是相依相伴的，其实反思也是一种自我反馈）：首先想到"图形的边数越多，面积就越大"，得到的反馈是结果不正确，应该关注"边上钉子数"；随之由少到多探究时，在"形内钉子数为1"的情况下，发现"多边形的面积是多边形边上的钉子数的一半"，结果到"形内钉子数为2、3、4……"的情况时，得到的反馈是结论又不正确；如此像游戏一样"步步惊心"的即时反馈——"怎么又不对"，强烈激发了学生好奇和探究的劲头，最后学生终于明白形内钉子数与多边形的面积也有关系，发现了规律；学生在庆祝之时，我在结论后面又打了个"？"，反馈给学生新的探究任务：为什么形内钉子数多1，多边形也就多1个面积单位？对此，我通过多媒体动态演示（如图5），让学生看清其中的奥秘。

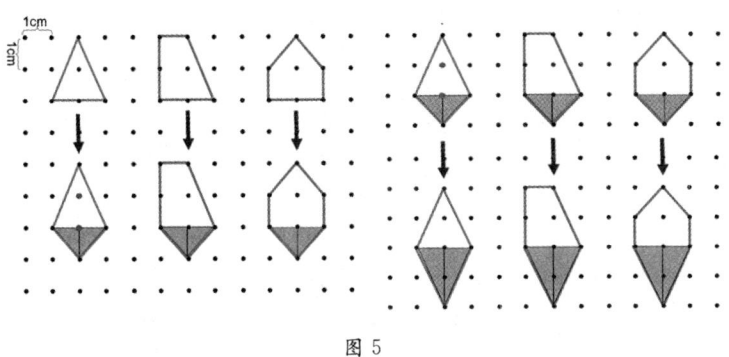

图 5

由此可见，在设计教学时，除了可以用任务驱动学习，还可以用"简化反馈"的游戏思维来提升学生的学习效能。

2."身份转换"：反馈应做到多样

学生自主学习并非不再需要教师。其实，在学生整个自主学习过程中，教师都应该"在场"，密切关注学生的学习动态，进行有效的监控和调控。在学生学得一帆风顺时，除了学生的自我反馈，也需要教师反馈；在学生学得一知半解时，教师的反馈不能是简单告知和强行纠正。那么，在提供反馈时，教师究竟担任何种角色呢？

（1）当好"鼓掌的人"：有一种反馈叫表示赞赏

教师的鼓掌，可以是一种表示祝贺的反馈，也可以是一种表示祝愿的反馈。

在学生学习顺利的时候，掌声可以让学生感觉到"离成功不远了"。哈佛商学院教授特蕾莎·阿马比尔发现76％的人向目标前进时最愉快。当旁人（在学生自主学习时可以是教师）对自己的想法和目标表示赞赏和支持时，这种喜悦和满足还会被进一步放大。

美国莎莉·霍格斯黑德在《一万步的目标》中写道：

　　我有了一个便携式活动记录仪，它可以精确记录我的日常活动，把琐碎的细节串成一条生活线。通过将细节编织在一起，它将单调的日常活动变成使人上瘾的计分板。

　　有一天，我的手环嗡嗡嗡地振动，屏幕亮了，那是在告诉我，我已经达到一万步的目标。我被这种游戏化的记录方式所吸引，开始管理自己的日常生活。

　　正如现代管理学之父彼得·德鲁克所说，只有被测量，才能被管理。如果人们可以测量自己的进步，就会更加努力地争取更大的进步。在任务驱动学习中，教师的掌声反馈，也是一种量化，可以让学生"准确地知道期望达到的目标"。

　　在学生学习不顺利的时候，教师的掌声可以反馈给学生"撸起袖子大胆干，别怕，有我呢！"的信心。纽约大学教授加布里埃尔·厄廷根开发了一套"WOOP"思维工具："W"是愿望，第一个"O"是结果，第二个"O"是障碍，"P"是计划。就是先设定一个目标，想象这个目标达成后的美好结果，然后再思考实现目标的障碍，接着制订计划去攻破这些障碍。在任务驱动学习中，我们不仅要让学生开始的时候"想象这个目标达成后的美好结果"，激发学生学习的欲望和动力，而且在学生遭遇困难灰心丧气的时候，也要让学生"想象这个目标达成后的美好结果"，以此来激发斗志，坚定学习的毅力。

　　（2）当好"教练"：有一种反馈叫解决问题

　　华东师范大学袁振国教授说，在新教学模式和新教师教育培养模式领域的改革意味着教师将更像是教练……"教练"，更明确了教师的指导者身份，除了指明前进的方向，还要帮助学生跨过前进过程中跨不过的坎。

作为"站在路边鼓掌"的教师，在鼓劲不能解决问题的情形下，教师就应转为"教练"，及时教给学生反思的具体方法，帮助学生认清问题的关键或自己的水平，从而走出困境。

任务驱动学习中，我们也要及时添加"柴火"，帮助无心的学生回顾学习目标、帮助无力的学生展望学习愿景，除此之外，还要进一步帮助学习无法的学生调整学习策略，帮助无助的学生寻找学习资源……

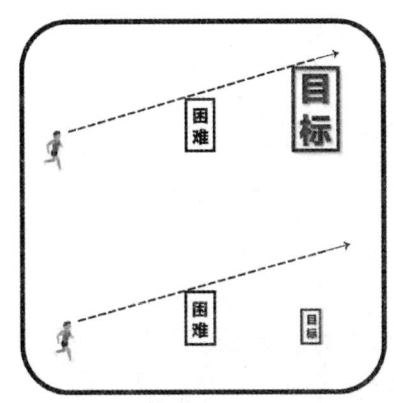

目标大，困难就小了，放大格局，别总盯着眼前的困难不眨眼！

图 6

例如《分数的认识》一课，刚开始是通过"分东西得不到整数个，怎样用数表示?"的任务来驱动学习，学生在不断的学习中感到分数不那么好理解，有学生产生畏惧心理："分数可以化成小数，干吗还要学分数啊?"由此，我感到原来所设的任务目标已经难以"打动"学生的心，于是我改用"通过'放大'目标来'缩小'困难"这种站在更高层面的反馈方法（如图6）：给学生展示了许多生活中使用分数的例子。如果说原来的任务目标着眼于历史，那后来的任务目标则放眼于现实，相比而言，与学生当下生活息息相关的任务目标激励性更大。由此我想到丰子恺说的一句富有哲理的话：心小了，所有的小事就大了；心大了，所有的大事都小了。

那么，好学生需要教师这个"教练"吗？答案是肯定的。对此，我们只需要思考：世界排名第一的网球运动员、高尔夫运动员、象棋运动员为什么还需要教练？他们自身的水平不是足够高了吗？答案是教练可以从旁观者的角度帮助他们认清自己。当局者迷，认清自己是最难的。哪怕是好学生，依然需要"教练"的及时指导。

3. "工具留影"：反馈应做到可见

墨尔本大学的约翰·哈蒂教授提出了一个"可见的学习"原则。我认为，"可见"的含义可以很广泛，它既可以表达"师与生的可见"，也就是说，在学习过程中，当学生不需要教师的时候，教师尽管淡出学生的视野，但必须作为旁观者清楚地看见学生的学习情况，当学生需要教师的时候，教师则应让学生觉察到自己作为学习协助者的存在；它还可以表达"教与学的可见"，也就是让学生的学对教师可见，以及教师的教对学生可见。

及时而准确的反馈，有助于师生沟通，沟通了就能够彼此"可见"：教师可见学生的学，学生可见教师的教。为了帮助师生彼此"可见"，我们可以选择性地借助以下七种"学习单"：

（1）导学单

导学单的用途是引导学生根据教师给予的提纲或提示开展课前自学或者课中自学。在自学时，可以采用标记的方式表达自学的结果，例如在自己觉得已经明白的地方打上钩，反之打上问号。这样教师一看就能大致了解学生的自学情况，从而根据这些反馈信息开展针对性的课堂教学。

（2）问学单

问学单的用途是引导学生把自学过程中或课堂教学过程中生发的新问题记录下来，课前或课后反馈给老师，向老师请教，也可以张贴在学习园地向同学请教。这样的问题并不是教材中的问题或教师提出的问题，而是属于学生"自己的"个性化问题。

（3）共学单

共学单的用途是引导学生把一些需要合作研究或讨论的大任务或长任务，进行分解并进行分工，在课前、课中或课后以团队形式共同完成诸如探究、调查、统计、制作等工作，在合作活动中做到资源共享，在反馈展示时做到经验分享。

（4）理学单

理学单的用途是引导学生在学习特别是单元学习之后，对所学知识进行整理、归类、提炼，甚至逐步架构一个单元的"知识树"。学生的理学可以在平时就进行，这样等到单元复习时就只需要进行理学情况的反馈或理学作品的展评。除了让学生理一理知识，也可以让学生理一理错题，看一看哪些错题可以移出错题本，哪些错题依然需要注意。

（5）搜学单

搜学单的用途是引导学生借助生活工具、网络、阅读等手段和途径去搜寻、搜集需要的学习资料或学习材料，以帮助自己开展活动、扩充知识或开阔视野。教师也可以引导学生相互交流不同的解法或想法，以获得更多的启发或启示。

（6）用学单

用学单的用途是引导学生反馈学以致用的情况，让学生记录自己如何运用所学的知识解决实际问题、所学的知识在生活中有哪些应用，以及运用所学的知识发现了哪些新的思路、新的方法甚至新的知识。

（7）考学单

考学单的用途是引导学生用所学的知识出题考一考同学。平时，学生除了准备错题本，还可以准备出题本，模仿教材或教师的出题方法自编一些习题，同学之间相互考一考，教师也可以选用到考试中作为试题。学生会编题也就会解题，所以在结果反馈时，教师可以采用"兵教兵"的教学策略，让出题学生讲解题目或辅导学习有困难的同学。

总之，在教学中，教师重视了教学反馈，也就会重视教学评价；学生重视了学习反馈，也就会重视学习反思。

仪式感召:
给学生值得铭记的时刻和故事

仪式（ritual）源自拉丁语 ritus，是指一种既能表达价值和意义，又有重复模式、规律的系列活动。

有人说，真正有意义的人生不需要外在的东西来加持，如海明威写作，只用一支便宜的钢笔。但不可否认的是，当你拥有了一支派克金笔，你肯定不会甘心将它束之高阁，当你将它从皮套中取出，旋开厚重的笔帽，你一定希望，记下的文字配得上它的高贵。生活需要仪式感，它让你摆脱平庸、追求完美。

同样，教育也需要仪式感，因为教育也需要摆脱平庸。为让教育充满激情，我们不妨让学生拥有更多的教育仪式感，来提醒他们自己不是一般的人，比如举办成人礼来提醒学生已经成年，比如举办读书活动来提醒他们自己在做的不是一般的事。随着电视节目《朗读者》而火爆的朗读亭，在某种程度上来说就是因为它为阅读增添了一种仪式感。

在任务驱动学习中，我们也应该使任务的设计带给学生一种仪式感，让学生能够更好地接受和完成任务。

一、任务的仪式感，给学生"幸逢其时"的学习

在法国童话《小王子》里，小王子和他驯养的狐狸之间有一段对

话——

　　狐狸说："你每天最好相同时间来。"

　　小王子问："为什么?"

　　"比如，你下午四点来，那么从三点起，我就开始感到幸福。时间越临近，我就越感到幸福。我就发现了幸福的价值……所以应当有一定仪式。"

　　"仪式是什么?"小王子问。

　　"它就是使某一天与其他日子不同，使某一时刻与其他时刻不同。"狐狸说。

　　由此可见，仪式感可以"使某一时刻与其他时刻不同"。比如在生活中，晚餐天天有，但《最后的晚餐》却不同，其因"最后"而让晚餐不再普通；再如在教育中，课天天上，但《最后一课》却因"最后"而让这一课不再平凡。我认为，仪式是在某个特定的时间，通过某种特定的形式，来表达某种特定的意义。当然，这种意义更在意的是接受者的主观感受。

　　在任务驱动学习中，我们也应该创造一些能让学生感到有学习仪式感的时刻，使之感到学习不再普通与平凡。

　　1. 仪式感应能让学生感到学习的"伟力"

　　(1) 交给学生神圣的时刻

　　在任务驱动学习中，除了设计有吸引力的任务之外，我们还可以让学生完成任务的过程具有仪式感，在感受到此时此刻的不同寻常中用一颗虔诚的心对待任务的完成，以此增强学习的动力和持久力。

　　例如在教学"认识时间"时，我们可以出示一些能让学生感到神圣的时刻：在认识整时的时候出示中央电视台《新闻联播》的片头或中央电视台春节联欢晚会新年到来那一刻的倒计时，在认识几时几分的时候出示学校升国旗的场景或神舟载人飞船发射的场景，这些特别的时刻能给学生一种特别的感觉，学生会肃然起敬，感受到国家的伟大，为自己是中国人而感到骄傲。带着这样的心情再去完成学习任务效果自然大不同。仪式本身就是一种良好的教育。

比如，在体会一分钟时间的长短时，许多教师会组织学生做一分钟的口算、跳一分钟的绳、测一分钟的心跳等活动，此时，如果改成齐唱大约一分钟的《中华人民共和国国歌》，在这个激动人心的一分钟中获得的体验是不是更深刻？

又如在教学"比的意义"时，在学生研究"国旗的长与宽的比"之前，教师可以让学生先凝视国旗一分钟再开展活动。

再如在教学"认识千米"时，教师出示"我们伟大的祖国拥有 960 万平方千米的国土面积"这一材料，学生的神圣感油然而生；在教学"认识百分数"时，教师出示"中国用占世界 7％的土地养活了世界 20％的人口"这一资料，学生又会不会心生自豪感，为我们国家的强大点赞呢？

由此可见，一些具有教育意义的时刻能够让学生产生仪式感，从而把注意力和思想凝聚到学习之中，这样的学习就有了一个很好的开端。仪式感，其实也是一种强烈的自我暗示和自我约束。这种自我暗示和自我约束能够使自我变革，让自己的专注力、反应能力、思辨能力迅速提升。从某种意义上说，它是感知和理解这个世界的一种感觉。

（2）交给学生庄重的时刻

当然，除了这些神圣的时刻能够让学生心生必须认真对待的想法，一些平常的时刻，如果学生也能够用认真的态度、不懈的努力去对待，同样会产生仪式感。

例如学习了"认识钟表"知识后，让学生现场制作钟面，画出或拨出难忘的一刻，用展板分享这一刻发生的故事。

又如进行"你一分钟能做多少口算题""你一分钟能跳多少次绳"等活动时，从教师隆重地宣布比赛开始的那一刻起，学生就会觉得这不再是平时平常的口算和跳绳活动，而是比赛，必须认真对待。

再如有一个学校在冬至那天，让学生设计一张"九九消寒图"张贴在教室里：学生画素梅一枝，枝上画梅花9朵，每朵梅花9个花瓣，共81瓣，代表"数九天"的81天，每朵花代表一个"九"，每瓣代表一天，每过一天就用颜色染上一瓣，染完9瓣，就过了一个"九"，9朵染完，刚好81天，意味着九九隆冬过去，春天就要到来。这样有仪式感的体验活动，对刚刚学习了"9的乘法口诀"的学生来说，不仅学习了数学知识，还学习了中华传统文化知识，较好地培养了学生的"文化理解与传承"素养。

在任务驱动学习中，我们试图通过"任务"的形式来增加仪式感，让学生能够庄重地接受任务，最终能够产生完成任务的荣耀感。我们经常能够看到这样的镜头：一个人在接受任务那一时刻情真意切。

所以，在任务驱动学习过程中，教师在出示任务的时候，不能一带而过，不妨通过板书或板贴把"任务"明明白白地写在或放在黑板的醒目处加以突出，让学生在"任务"的观照下，时时刻刻提醒自己通过学习要达到的目标，以及时时刻刻评价自己离目标还有多远。为了使任务显而易见，教师可以在任务开始的时候在"任务"后面打上"？"，等到任务结束的时候把"？"改成"√"。如果在任务完成的那一刻，教师再为学生"我能行"点赞，学生拥有的仪式感会更强。

2. 仪式感应能让学生感到学习的"定力"

（1）重视教学组织的"第一分钟"

从心理学的角度来看，仪式代表的是一种心理锚定，即把一种行为与自己熟悉的某种感觉结合起来。所以，在仪式问题上，感觉很重要，可以说仪式的根本作用，就是找到一件事情的边界。比如上班，穿商务正装；去酒吧，穿得休闲些；听音乐会，穿礼服。听起来挺烦琐，却可以让我们的行为举止有边界感。

上课就是一种仪式。上课铃声响起，上课了，学生就得有上课的样子，得控制好自己那一颗"驿动的心"，心思不能"漫游"，应该好好遵守学习的纪律。可以说，从师生互相问好，到学生回答问题前的举手，到最后下课铃声响起，课中充满了仪式感。然而，在实际教学中，由于教师不够重视和这样的形式学生司空见惯，许多学生感受不到仪式感。

例如上课铃声响起后，有仪式感的学生马上就会意识到上课了，应在座位上静候老师；而缺乏仪式感的学生却充耳不闻，非要等教师走进教室走上讲台喊"上课，同学们好"才收心。如果教师在预备铃声响起之后，就站在教室门口迎接学生进入教室，学生是否会感受到上课的神圣感？有一位教师在上课之前等候在教室门口，与走进教室的学生玩一下击掌游戏，还有一位教师则采用与学生拥抱的方式，这些肢体的接触，既是情感的交流，也是一种仪式，都在提醒学生"要上课了"。

又如师生问好，很多时候也缺乏仪式感。在低年级，教师的问好是"小朋友好"，但教师真的把学生当"朋友"了吗？刚开始，学生有相互问好仪式的神圣感，也充满感情地回应"老师好"，然而一段时间后，他们发现这只是"套路"，既然老师都不当回事，那自己也无须当回事。同样，到了高年级，教师的问好变成了"同学们好"，但教师真的把学生当"同学"了吗？原来这也是"套路"，没有一点仪式感。

那么，有没有什么方法能改善这种局面呢？接下来这位老师的做法或许能给予我们启发。与通常的问好不同，她用《三字经》内容问答来进行问好：上课铃声响起，教师走上讲台，向学生深鞠一躬，说道："人之初。"学生起立，向老师深鞠一躬，答道："性本善。"下一节课，师生的问好就是《三字经》的下一句，教师说上半句"性相近"，学生答下半句"习相远"，如此一来一去，一学期下来，《三字经》就背熟了，之后还可以改说《弟子规》等。如此"有文化"的仪式让师生问好不再流于形式。

同样，我们也可以使学生的学习活动变成一件充满仪式感的事情。例如"认识东南西北"，并非经过一节课的教学就能让学生面对一个方向时快速地辨认出其他方向。对此，一位教师让学生早晨上学走进教室的时候，先任意面对一个方向，然后闭上眼睛静静思考自己的后面、左面、右面分别是什么方向。如此每天一练的任务，使学生走进教室的那一刻就有了一种仪式感。

充满仪式感的任务驱动学习，任务的价值感让学生明确了学习的意义，任务的挑战性激发了学生的好胜心，任务的目标化让学生产生了使命感，从而咬定青山不放松，围绕中心任务全身心地学习，这样完成任务就具有了仪式感。

（2）重视教学内容的"第一课时"

对一些基础性知识，我们应该突出它们的重大性，因为它们关系着后继知识的产生与发展。

例如在《乘法口诀》单元的学习中，第一课时"2 的乘法口诀"的作用就很重大，它不仅是知识迁移的基础，而且是学法迁移的模板，学生学好了"2 的乘法口诀"这一课，之后"3－9 的乘法口诀"的学习就会轻松自如。所以，"2 的乘法口诀"这一节"种子课"的教学，我们应该浓墨重彩，让学生有这样一种仪式感："2 的乘法口诀"是《乘法口诀》单元学习的"带头大哥"，它引领着之后乘法口诀的学习，所以必须重视，认真对待。

此外，课堂的第一课时、第一环节以及第一个学生发言、学生第一次发言等"第一时刻"都很关键，教师必须重视，并且必须慎重，努力使之成为充满仪式感的时刻——突出它们"第一"的地位，传递给学生暖暖的正能量。

开好头，还要收好尾，这才是一个完整的仪式。我们不仅要注意教学的"第一时刻"，还要注意教学的"最后时刻"。在任务驱动学习中，完成任务那一刻的兴奋感、成就感和获得感能让学生拥有"高峰体验"，让整个学习过程因最后这一时刻而变得不平常、不平凡、不平淡，让学生记忆深刻，这就是仪式感的价值。

有始有终，前后呼应，不仅体现在开始时布置任务带给学生仪式感，而且体现在结束时完成任务带给学生仪式感。我们借由仪式，赋予学生要完成的任务以意义，目的是什么呢？无非是通过完成任务的仪式，让学生体会到学习由自己掌控：我才是学习的主人。

二、任务的仪式感，给学生"郑重其事"的学习

我们已经知道，仪式感可以使某一时刻与其他时刻不同，此外，仪式感还可以使某一件事情与其他事情不同，当然，很多时候它们是关联的。

在任务驱动学习中，我们应该寻找一些能给学生学习带来仪式感的任务形式，给学生一个新的感觉。

1. 仪式感应能让学生感到学习的"活力"

（1）用红包激活学生学习的气氛

《南方人物周刊》刊发了李松蔚的一篇文章——

> 朋友圈前几天有篇文章，一个男生惹女朋友生气了，他在微信上跟女朋友"讲道理"，把"道理"写在红包上，密密麻麻一连发了几十个红包，女朋友转嗔为喜。……
>
> 红包有奇妙的功能，它是钱，但又不等于钱。如果两个人在现

实中吵架，一方想求饶了，掏出两百块钱，说"好了好了别生气了，这些钱你拿去买点东西"，估计另一方气得更厉害："你把我当成什么？"但如果在网上，把这两百块钱分成50个红包发过去，也许真的就有雨过天晴的效果——妙就妙在，它把"钱"变得不是钱了。

文章隐含的意思是直接和女朋友讲道理和直接给女朋友钱都不容易化解矛盾，而写着"道理"的红包却能奏效。或许是这种独特的形式让接受者感到新鲜，或许是这种独特的形式让接受者看到了红包所包的一颗红心，并感受到它传递而来的温暖——"特别的爱给特别的你"，此时，接受者就心生一种不再视之为普通（"钱"变得不是钱了）的仪式感。

我认为，不管流于形式还是已成仪式，只要是接受者心仪的，就可能会取得好的效果。例如红包可以督促学生学习，某学院教师在课后给出勤率高、学习成绩好和上课认真听讲的同学通过微信发了红包。此举一出，他上课时没一个学生逃课，课堂气氛变得活跃，师生关系也更加融洽。

又如"钉子板上的多边形"一课上完后，一位学生在班级微信群里与老师聊天——

> 生：老师，我从网上买到了一本书《格点和面积》，看不懂。
>
> 师：看着像天书是吗？因为很多知识我们还没学到，不过有这本书在，我们就能确信长大后我们的确能证明"多边形的面积＝内点数＋边点数÷2－1"。N年后谁先知道为什么"多边形的面积＝内点数＋边点数÷2－1"，我就奖他一个红包，有效期为十年。

结果，"奖一个红包"的刺激，让许多学生等不及十年就开始努力，想方设法通过画图举例等途径尝试证明"多边形的面积＝内点数＋边点数÷2－1"，讨论持续了 8 个多小时，学生的潜能得到了很好的开发，最后教师兑现诺言，发了微信红包，学生欢欣鼓舞。

我们不禁要问，学生之所以欢欣鼓舞，是在乎这点小钱吗？如果不是，他们更在乎什么？我想，一开始学生感受到的确实是钱的物质奖赏，但之后他们的兴奋依然如故，那他们的感受必定已经转为红包之"红"——代表着教师肯定的精神奖赏。尽管如此，采用哪种形式开始依然很重要，因为它是上升为仪式的前奏——在让学生感到"有意思"的基础上让学生感到"有意义"。

当红包成为一种仪式时，学生在乎的不再是钱，而是感情能否得到沟通。根据心理学的沟通理论，每一次沟通都在发起对关系的定义。微信红包收发之间，师生之间的关系得以疏通、确认、亲近和强化：老师发红包给你，说明老师在意你，你接收老师的红包，说明你也满意老师，当然学生也可以回发红包给老师，表达对老师的喜欢。这样一来，发教育红包这种形式就变成了一种仪式，最终"礼（礼物）"尚往来会演化成"礼（礼貌）"尚往来。

（2）用新鲜激发学生学习的热情

从红包到仪式到教育，这样的教育是不是很浪漫呢？英国数学家、哲学家和教育理论家怀特海如此划分智力发展的阶段：小学是浪漫阶段，中学是精确阶段，大学是综合运用阶段。我们的小学教学就应该浪漫，因为童心是儿童最自然纯真的状态，我们的数学教学也应该浪漫，因为"数学是最浪漫的，它比世上任何东西都要完美"。浪漫的学习必定充满诗意，充满活力，充满快乐。

我们应该明白，最使我们难以忍受的是什么？不是疲劳，而是无聊。因为无聊意味着缺乏新鲜感，意味着应激和唤醒水平下降。在教学中，要把学生唤醒，我们首先要把知识唤醒，这正如罗振宇在《好的老师，把知识唤醒给你看》一文中所说："坏的老师，让活的知识死去。好的老师，为死的知识赋予灵性，顺便撩拨起每一个围观者的欲望。"

例如"可能性"一课，教材编排的摸球纯粹是游戏，学生缺乏需要。但如果摸的不是球，而是红包，学生就有了激情，因为摸奖是学生喜欢的活动，在生活中很普遍。在摸奖时，许多人会充满期待，屏住呼吸，默默祈祷，可谓仪式感十足。由此，我们就可以进行这样的任务设计——用摸球来决定谁先摸奖，这样的摸球因摸奖而充满活力，它成了解决"谁都想先摸奖"这一现实问题的一种手段。也就是说，此时摸球这件事不再平常，而变得与学生的需要息息相关，"看谁摸到红球的次数多"的摸球游戏就成了决定"两个人谁先摸奖"的真实任务，强有力地驱动学生去完成研究摸球活动中数学知识的学习任务——感悟简单随机事件中的不确定性。其中，摸球虽是游戏，但学生决不当作儿戏对待，反而会时时想着它、念着它，因为"要比出谁先摸奖"的任务目标在时时召唤着他。（详见第三章《摸球任务，"把知识唤醒给你看"》一文）

（3）用奋斗点燃学生学习的追求

从更广泛的意义看，完成一件事情的努力和奋斗过程能给人以仪式感，因为其中人的存在是活跃的，充满着生命的活力。作家毛利在《没有仪式感的网红小吃，根本不会好吃》一文中写道："想体会网红小吃的美妙滋味，请记住，一定要亲自排队去买。在漫长的仪式中悉心体会，这到底是多么杰出的食物和多么曼妙的人生，从而超度自己，必将物超所值。"亲自排队去买的小吃才会好吃，同理，亲自"排队"去追求的知识才会好学。

从大处看，对知识的不懈追求是学习的一种仪式；从小处看，对知识的不断追问也是学习的一种仪式。正如塔那西斯·科茨在《在世界与我之间》中所说："不断地提出问题，问题本身就会得到细化。它既是一系列行为，也是一种存在状态，一种持续的追问，一种作为仪式、探索方式的追问，而不是对确定性的寻求。"如果教学成了一种仪式，学生也就拥有了学习的仪式感，这样的学习学生还会不投入吗？

持续追问，最终能够问到知识的根本问题。随着一次次追问，教师会惊喜地看到学生的思维在往纵深处漫溯，学生会惊喜地看到自己的学习在往目标处靠近。在向知识殿堂行进的过程中，学生的感觉会由原来的神秘变成神圣，有一种大功告成、大喜将至的仪式感。

例如一位教师在带领学生认识圆时，通过持续追问，使学生的学习层次越来越高——

(1) 你能从一大堆图形中摸出圆形吗？

(2) 你们这么快摸出圆形的窍门是什么？

(3) 什么内在的原因使得圆这样匀称、光滑而丰满呢？

(4) "圆，一中同长也。"不量你怎么知道直径都是相等的？

(5) 数学学习贵在联想，难道其他图形没有"一中同长"吗？

(6) 有人说"圆是平面图形中最美的图形"，你是怎么理解的？

……

在这节课中，有摸圆、画圆、测圆等各种活动任务，但重要的是，在每个任务之后都有思考的任务，这些思考就是一种持续追问，学生的思维在持续追问中由表及里、由浅入深、由此及彼地"步步高"，最终落于文化层面——"圆，一中同长也"的对称美，让学生挖到了知识的内容精要和知识的文化精神，这是学生学习最为宝贵的财富。这样的学习，不仅充满了知识的活力，而且充满了生命的活力。

2. 仪式感应能让学生感到学习的"众力"

(1) 用共同愿望凝聚学生的关注

仪式，很多时候具有一定的规模，参加的人越多，越能给人隆重的感觉。可以说，教师的高明不仅在于能够"把知识唤醒给你（学生）看"，还在于能够"顺便撩拨起每一个围观者（班级中的其他学生或团队中的其他学生）的欲望"。

例如上述"可能性"一课，因为是男生队与女生队各派一名学生上台摸球，于是两位学生代表的摸球任务就不再是个人的事情，而是代表着各自团队，所以此事马虎不得，学生在摸球时也就有了一种郑重其事的仪式感。这种仪式感，首先是种责任感。下面的学生就如同"围观者"，他们作为啦啦队成员，为上面摸球学生加油的同时，无形中给摸球学生带来了压力。整个摸球过程中，没有哪个学生置身事外，上面学生每一次摸球的结果都牵动着他们的心，他们自觉发出"加油！"的呼喊，教师每一次对摸球规则的改变都牵动着他们的心，他们自觉发出"这不公平！"的呐喊。此时，学习不仅是个人行为，更是一种集体行为。

在任务驱动学习中，我们就应该积极发挥学生的"众力"，多放手让学生自己决定学什么和怎么学。此时，如果可能的话，教师就可以成为"围观者"。范梅南说，看待儿童其实是看待可能性。教师应该研究学生进行自主学习可能性的大小，努力增加学生自己学习的可能，一旦出现问题，也要先尝试利用学生之众力去解决。

（2）用重大任务凝聚学生的力量

一般情况下，在任务驱动学习中，任务越大（范围大）、越重（困难重）、耗时越长（时间长），学生越会郑重其事，也越团结，拥有的仪式感也会更强烈。注重仪式感的学生，总能学得更好，比不重视仪式感的学生学得更有兴头。

由此，"仪式是关于重大性事务的形态"，我们还可以理解为：增加任务的重大性，增加它在学生心目中的分量和地位。此中，有一种"重大"的做法是扩大任务的范围，从一节课拓展到一个单元来整体设计。

例如《小数除法》这一单元，按照教材编排的顺序，我们应该先进行"小数除以整数"这一节课的任务设计，接着进行"整数除以小数"这一节课的任务设计，最后进行"小数除以小数"这一节课的任务设计，如果我们直接把《小数除法》这一单元作为任务设计，学生普遍会直接进行"小数除以小数"计算方法的探究，结果受挫，此时学生就会因任务太难而主动后退，一直退到"小数除以整数"这一"计算小数除法"大任务中的知识最近发展区，借助已有知识和经验来解决和解释"小数除以整数"的计算方法。随之，他们会抖擞精神继续挑战更大的任务，直至完成整个任务，学生才会有如释重负的解放感和成就感。

不过，任务越是重、越是大，越是难以让人认识一致。此时，我们需要知道的是，合作不一定总表现为意见一致，也可以是各抒己见，甚至产生争吵。我们不必担心学生会因争吵而做不好、完不成学习任务，因为科学研究发现：多争吵，益学习。

英国谢菲尔德哈莱姆大学研究人员发现，不以传统的讲授方式教学，而代之以"对话教学"，鼓励学生不仅要像往常一样回答课堂问题，还要参与讨论、推理、辩论、解释，甚至相互争吵也可以，结果学生进步程度相当于多了两个月的传统学习。其他教学实验也证明，对话、争吵有助于学生成长。我们需要做的是努力让对话成为一种学习的仪式，甚至让争吵成为一种对话的仪式，当学生有了仪式感，争吵也就会达到"争而不吵"的良好局面，成为一种专注于研究的争论与争辩。俄国生理学家、心理学家巴甫洛夫也说过，争论是抚摸思想的最好触摸。哪怕是真的争吵，"站起来争吵，永远胜于躺着做梦"。

总之，仪式感召，至少可以让学生对学习多一份期待，多一份憧憬，多一份虔诚，多一份守望。即便遭遇些许不顺，也有助于赶走阴霾，走出困境。

第二章

任务驱动学习的几种组织样态

疑案追踪：
让学生像侦探一样破解知识之谜

我们都知道，孩子都喜欢看侦探剧，在学习中，他们也喜欢像侦探一样去"破案"。英国数学家哈代说："激励数学家做研究的主要动力是智力上的好奇心，是谜团吸引力。"数学家的研究如此，学生的学习是这样，教师的教学也是这样，这正如美国教育学者帕克·帕尔默所说，当我和我的学生发现可探索的未知领域，当我们面前展现出曲径通幽、柳暗花明的一幕，当我们的体验为源自心灵的生命启迪所照亮，那时，教学真是我所知的天下最美好的工作。

不管是案件还是案例，只要是疑案和议案，学生都有兴趣去破解。生活中确实有着许多需要运用和应用数学知识去破解的疑案，对此，我们可以把它们设计成疑案追踪的"侦探"任务，让学生去完成。我们也可以把知识的探究过程包装成疑案的探秘过程，因为从大处看，凡是让学生感到有疑问、有疑惑、有疑难的知识奥秘，都可以视作"疑案"让学生去探秘。

我们在直接选取生活中的疑案（案件）或在设计课堂中的疑案（案例）时，都应该注重情境性、真实性、多样性和复杂性，以便最大限度地检测和提高学生解决问题的能力，因为那种无悬念的案件难以激发起学生破案和探秘的热情。

一、设计书本中的疑案，让学生学习知识来破案

台湾著名小说家、编剧、导演许荣哲在《三分钟构思一部小说》一文中描写了自己上编剧班的情景——

编剧老师传授我们，三十多年编剧生涯教会他的"七个问题"的公式：问题一：主人公的"目标"是什么？问题二：他的"阻碍"是什么？问题三：他如何"努力"？问题四："结果"如何？问题五：如果结果不理想，代表努力无效，那么，有超越努力的"意外"可以改变这一切吗？问题六：意外发生，情节如何"转弯"？问题七：最后的"结局"是什么？

把上面的七个问题简化之后，就可以得到故事的公式：1. 目标→2. 阻碍→3. 努力→4. 结果→5. 意外→6. 转弯→7. 结局。

不管小说、电影，还是漫画，只要它的核心是故事，大部分都有类似的戏剧结构。

综观当今小学数学课堂，大多显得平常和平淡，学生的学习也显得平静和平凡，这很大程度上是因为教学内容缺少故事，教学过程缺少曲折，教学效果缺少惊奇。要让教学能够"非同凡响"，教学就需"非同寻常"，不仅充满悬疑，而且充满悬念。

1. 设计有故事的疑案，吸引学生进行知识的探秘

"不管小说、电影，还是漫画，只要它的核心是故事，大部分都有类似的戏剧结构"，同理，如果一节课有"故事"，它同样能够产生戏剧效果。苏霍姆林斯基指出：如果教师不设法使学生产生情绪高昂和智力振奋的内心状态就急于传授知识，那么这种知识只能产生冷漠的态度，而

不动情感的脑力劳动只会带来疲倦；没有欢欣鼓舞的情怀，没有学习的兴趣，学习就会成为学生的负担。所以，许多教师都比较注重一节课开场的情景设计，并且会优选有故事的情景设计，以求能够引发或串联一节课的知识教学。其中，如果教师创设的情景故事是侦探故事，并能让学生像侦探破案那样去学习，那更会受到学生的欢迎。例如"确定位置"一课，我们就可以讲一个侦探故事来引入新课——

师：一辆汽车被盗了。报案后，失主和警察很快在电脑上确定了车子的位置。请你猜猜看，警察是凭什么在这么短的时间内确定车子位置的？

学生饶有兴致地猜测：跟踪器？摄像头？车子刚好被别的警察拦截？……

师：同学们的猜测都有一定的道理，失主的汽车内部安装有卫星定位系统，相当于一个追踪器，系统会发出信号，显示出汽车的具体位置。那么，卫星定位系统是怎样锁定车子位置的？失主又是怎样找到被盗的车子的？今天这堂课就让我们一起当小警察，追寻被盗车辆，好吗？

学生欢呼雀跃：好！

上述情景虽然是一个故事，但接近真实，这个"破案"任务一举三得：一是很好地驱动了学生在追踪车子的情景中追踪知识，二是让学生学会了一些防盗的本领，三是让学生知道了所学数学知识在生活中的应用。

又如"数字与编码"一课也可以讲一个"案件"故事，学生在通过身份证号获取信息的同时知道了身份证信息在破案中的用途——

师：在一个月黑风高的晚上，有个男子到一所旅社投宿，服务员登记完他的身份信息后，给了他房间钥匙。过了一会儿，他听见急促的敲门声，打开房门一看，警察出现在他面前。随后，警察将他抓获，原来他是一个通缉犯，是服务员报的警。那么，服务员是根据什么判断出他身份的呢？

生1：一定是他长得像坏人。

生2：服务员肯定见过通缉他的照片。

生3：一定是身份证有什么问题。

……

师：你们说得都有道理，今天我们就来探讨隐含在身份证号码中的"秘密"。

上述案件，在课始就调动起学生的积极性，学生争当小侦探的破案热情高涨。

一家球鞋店在推销时，贴出了过去五年的销售数据，而另一家球鞋店则贴出了以前购买者排长队的照片，结果光顾后一家店的顾客明显多于第一家店，而实际上第一家店过去五年的销量远超第二家店。对此，心理学家发现，单纯的数据根本不如画面所呈现出来的内容有吸引力。简单来说，画面带给人的冲击比数据更大，哪怕数据呈现的内容非常惊人，多数人仍旧会对画面中呈现的内容念念不忘。如果说数据的展示体现了一种更为严谨的标准和提示，那么画面展示则代表了一种故事性，给人更多的刺激和更多的想象。由此我们得到的启示是，在任务驱动学习中，教师设计的任务要力求带给学生画面感，那种有故事的、具有震撼力的知识画面，更具有吸引学生学习的驱动力。

有这样一道题："假设地球和西瓜都是圆的，设想在地球赤道上缠一根橡皮筋，同时在一个西瓜的最大横截面处也缠一根橡皮筋，如果将地球和西瓜的半径都加长 1 米，那么缠在地球和西瓜上的橡皮筋都将被拉长，请问哪根橡皮筋被拉长的幅度大？"这个问题的"营销"方式就具有很强的画面感，学生大都会想当然地认为缠在地球上的橡皮筋会被拉长得多，然而最终计算后会发现二者一样长，如此意外的结果，会让学生产生强烈的惊奇感。

对这样有画面、有故事、有悬疑甚至有惊奇、有震撼的探究任务，我们完全可以在学生学习之前设计"海报"，早早地公布于众，做好知识的宣传与"营销"，吸引学生的注意，吸收学生的主意。例如在学习"认识负数"的时候，贴出在生活中难得一见的"－8 层"的电梯照片（如图 1），是不是会让学生感到惊奇？

图 1

2. 设计有惊奇的疑案，吸引学生进行知识的探秘

"意外发生，情节如何'转弯'"，这样的故事设计套路可以让读者"拍案惊奇"。有人说："生活并不是以你呼吸的次数来衡量的，而是以那些能让你屏息的时刻来衡量的。"如今的数学教学，就缺少能让学生"屏息的时刻"，对此，有一种方法是设计令人惊奇的疑案，使学生急不可待地一探究竟。克雷奇在《心理学纲要》中指出，任何人对外界的刺激都有"趋新""好奇"的特点，那些完全确实的（无新奇、无惊奇、无挑战）的情景是极少引起或维持兴趣的。再从生理学角度看，人的大脑会把新奇的或者令人惊叹的信息当成一种特殊的奖励，新东西引诱我们去调查，让我们有一股探索新环境的冲动。

（1）疑案追踪可以追踪到学习心理的变化

亚里士多德说："思维自疑问和惊奇开始。"爱因斯坦也说："思维世界的发展，在某种意义上说，就是对惊奇的不断摆脱。"由此可见，不管是思维的启动还是思维的发展，惊奇都是一种强劲的驱动力。苏霍姆林斯基说："课上得有情趣，就是学生带着一种高涨的激动的情绪……对面前展示的真理感到惊奇甚至震惊……"由此可见，学会设计令人惊奇的疑案，应该成为教师的教学技艺。

例如"3 的倍数的特征"一课，许多教师会创设与学生一起比谁能更快地判断所出示的数是不是 3 的倍数来导入新知，但这一情景学生会认为"不真实"，因为教师是"先生"——生得早，知道的也就多，所以这样的比赛不公平。所以，与其这样，还不如教师直接秀自己，然后通过"你想知道老师是怎样快速看出一个数是不是 3 的倍数的吗？"的询问来导入新知。不过，如此设计的疑案虽然有疑，但尚不能让学生有"咦"，反应不强烈是因为它给学生造成的刺激不强烈。鉴此，我们不妨改用这样的教学情景：教师闭着眼睛听学生在计数器上拨珠子，然后根据落下的声音来判断学生所拨出的数是不是 3 的倍数。此时，学生会感到惊奇：凭借已有经验，判断一个数是不是 2 或 5 的倍数，我们还得看这个数个位上的值，而现在判断一个数是不是 3 的倍数，老师竟然不看只听，难道老师是"算命先生"？于是，"老师如何听出一个数是不是 3 的倍数？"成了一个有足够吸引力的疑案任务，强有力地驱动学生洗耳恭听以求解开谜底。如果在课前先播放"英国一位科学节目主持人轻轻松松用耳朵听出杯子倒出的是热水还是冷水"的表演视频，会增加教师"听音辨数"的表演效果。

有惊奇的任务驱动学习，有时候需要教师的表演与渲染。数学家诺瓦列斯说："纯数学是魔术家真正的魔杖。"许多数学魔术同样能够让学生感到惊奇，例如"任意想一个整数，乘 2 加 7，再将结果乘 3 减 21，只要你说出这个结果，老师就能立即判断你的计算对不对，并马上说出你最初想的那个数是多少。你信吗？"这样的神奇会强有力地驱动学生去揭开谜底：最后的结果是所想数的 6 倍。

其实，数学中好多内容本身就焕发着神奇，让学生感到惊奇，例如

"神奇的黄金比例""神奇的莫比乌斯带"等内容。哪怕是一道练习题，有时候也包含着"惊奇"，教师不妨小题大做一番，好好地利用这种惊奇驱动学生去好好探究。例如有这样一道题："一张长方形纸，长30厘米，宽21厘米。从这张纸上剪下一个最大的正方形。正方形的周长是多少厘米？剩下的图形的周长是多少厘米？"对"剩下的图形的周长是多少厘米？"这一问题的解答许多学生会出错，他们想当然地认为"原始图形的周长－剪去图形的周长＝剩下图形的周长"。当学生发现错误后，就会产生惊奇和疑问："剩下图形的周长怎么比想的多呢？"如此的"怎么可能"，会促使学生迫不及待地进行疑案探秘。

生活中，越是平常的东西有着不平常的表现，就越能让学生感到惊奇，例如常见的一张纸竟然能生发出众多的数学知识——

（1）我们可以让学生探究一下一张纸的厚度。

（2）如果将纸对折，理论上来说，折叠四五十次后，其厚度相当于地球到月球的距离，这样的结果会让学生感到惊奇。

（3）我们可以让学生研究一下各种型号纸之间的奥秘：常用的A4纸是A3纸的一半，A3纸是更大的A2纸的一半，A2纸是A1纸的一半，A1纸是A0纸的一半。国际标准在定义纸张大小时有两个重要的考虑，一是纸张的价格与纸张的面积成正比，二是每次把一张纸切割为更小的两张纸时，要保证纸张的长宽比不发生改变。学生会发现A1至A5纸的宽与长的比值分别是1.416、1.414、1.414、1.414、1.419，出现最多的是1.414，其他几个比值也与1.414非常接近，这就涉及中学数学知识中的"$\sqrt{2}$"，当纸的宽与长的比为"$\sqrt{2}$"时，对折后得到的新纸的宽与长的比仍为"$\sqrt{2}$"，也就是纸的形状不变。那为什么我们看到的纸的宽与长的比值并非全是

1.414 呢？这是因为"$\sqrt{2}$"是一个无限不循环小数，它不能写成两个整数之比，是不可比数，也就是我们今天所说的无理数。

（4）我们还可以让学生如此撕纸：首先，以 A4 纸的短边为边长，做出一个正方形，把这个正方形撕下来。剩下的长方形，可以折出两个正方形，也撕掉。剩下的长方形，又可以折出两个正方形，都撕掉。如此折下去，最后剩下的长方形，刚好是两个正方形，一分为二，一点不剩。这是不是也很神奇呢？至于为何会这样，学生也可以探索一番。

......

惊奇之后往往是惊喜，这种心理体验超乎平常。塔尼娅·露娜说："确定无疑的事情固然让我们感到安全，但出乎意料的惊喜才让我们感觉自己真正活着。"有惊奇、有惊喜的学习才有无穷的活力，惊奇、惊喜比好奇、欢喜更刺激，更能让任务产生强劲的学习驱动力。一些证据表明，惊喜的力量能捕捉我们一心一意的注意力。所以，让学生感到美好的课堂，不仅要充满神秘，而且要充满神奇。江苏省教育科学研究院基教所彭刚所长认为惊喜应作为一种课堂教学评价的尺度，"说到底，教育教学其实就是给学生以惊喜的过程，就是让学生在惊喜中获得更多发展可能性的过程"。

（2）疑案追踪可能追踪到知识问题的本质

惊奇之后的刨根究底，有时候还能触及知识的本质。例如我们可以让学生思考："时间单位是'时、分、秒'，角度单位是'度、分、秒'，两个低级单位都是'分、秒'，这纯属巧合吗？"学生在探秘中最终会发现它们都源于地球的转动。当学生明白了知识原理之后，再看钟表的时针、分针和秒针的转动，就不仅仅只看到时间的变化，还可能会注意到角度的变化。

"当代管理理论的大师"克里斯·阿吉里斯曾提出一个"双环学习"的概念。大部分人之所以在工作和学习上事倍功半，很大程度上都是因为他们只会"单环学习"，即只着眼于解决眼前的问题，而不懂得反思和抓住本质。"双环学习"的关键就在于找到问题的核心，尽可能把遇到的问题放在一个更广阔和更长远的背景下去思考，这不仅有助于知识的理解，还有助于知识的记忆，因为记住知识更好的办法是和已有的知识建立联系，实现从"提升技术效率"变成"提升认知效率"。

知根知底的"双环学习"，还有助于学生实现高智学习，努力理解因果结构，并用它指导以后的行为。例如有学生为"时间、速度、路程"之间的数量关系设计了富有创造性的造型（如图 2），让人们形象化地看到了它们之间的关联。

图 2

惊奇和疑问，不仅会引发一个人对知识的思考，还会引发一个人对人生的思考。柏拉图说："哲学开始于惊疑。"一般来说，当对宇宙惊奇时，因惊奇而求认知，追问的是世界是什么；当对人生疑惑时，因疑惑而求觉悟，追问的是生命有何意义。

3. 设计有曲折的疑案，吸引学生进行知识的探秘

"故事的公式：1. 目标→2. 阻碍→3. 努力→4. 结果→5. 意外→6. 转弯→7. 结局"，按照这个公式演绎，故事情节发展无疑变得曲折，而曲折能够让故事充满悬念，让读者时时刻刻牵挂着接下来会发生什么。

（1）"一波三折"课堂教学的整体设计

那么，任务驱动学习进程能否做到"一波三折"，让学生获得高峰体验呢？对此，我们可以做一些尝试。

例如"钉子板上的多边形"一课，我们就可以通过拉长探究过程，

按照上述"故事公式"把探索过程设计得"一波三折",把学生的注意力牢牢"钉"在钉子板上的多边形的研究上。具体思路如下:

(1) 目标。

教师出示三角形、四边形、五边形(如图3),学生会发现:"多边形边数越多,面积就越大。"

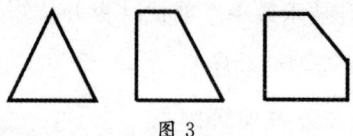

图3

(2) 阻碍。

教师接着出示四边形(如图4):

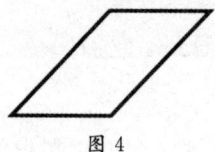

图4

师:这是一个四边形,按照刚才你们的发现,它的面积应该比五边形的面积小。你们看呢?

生1(有点拿不准):感觉平行四边形的面积比前面的五边形的大。

生2(似乎有一种预感):想错了?

(3) 努力。

师:为了便于同学们弄清它们的面积到底是多少,我把它们放到钉子板上(如图5)。现在,你能很快地知道它们的面积吗?(学生用计算、割补或数方格等方法得到每个多边形的面积)

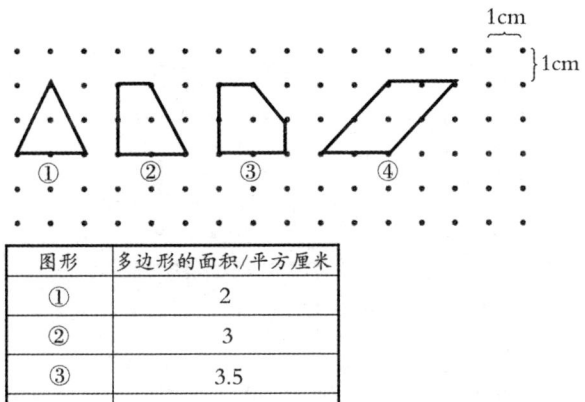

图形	多边形的面积/平方厘米
①	2
②	3
③	3.5
④	4

图 5

（4）结果。

师：有了这些数据，刚才"多边形边数越多，面积就越大"的发现，还对吗？

生（有点颓丧）：嗯，是错了……

师：看来，我们只要找到一个反例，就能推翻有问题的结论。

（5）意外。

师：把这些多边形放在钉子板上后，你们有没有意外的发现？

生1：边越多，钉子数就越多。

生2（受其启发）：好像边上的钉子数越多，面积越大。

学生经过探索发现，钉子数与多边形面积之间的关系是 $S=n\div 2$（n 表示钉子数）。

（6）转弯。

教师把原来的三角形拉长（如图6），许多学生发现了矛盾：面积明明变大了，怎么可能还是2呢？

教师继续把后面两个多边形做同样的处理（如图7），越来越多的学生怀疑刚才的结论。

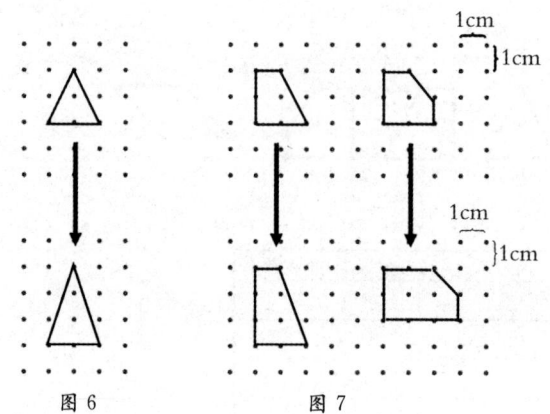

图6　　　　　　图7

生（惊喜）：老师，我看出来了！上面的多边形内的钉子数是1，下面的多边形内的钉子数是2。（许多学生也发现了这一点）

师：看来，多边形内的钉子数跟我们刚才的研究也有关系。（学生表示赞同）如果用字母 a 表示多边形内的钉子数，那么在 a 等于几的情况下，$S=n\div2$ 成立？

生（异口同声）：$a=1$。

师：那刚才的发现错了吗？

生：呵，不全错。

最终探索后，学生会发现：当 $a=1$ 时，$S=n\div2$；当 $a=2$ 时，$S=n\div2+1$。并联想到：当 $a=3$ 时，$S=n\div2+2$；当 $a=4$ 时，$S=n\div2+3$；……

（7）结局。

师：要让自己变得聪明，首先，我们要学会由"一点"想到"许多点"，例如刚才我们由 $a=1$ 想到 $a=2$，$a=3$……以及 $a=0$；其次，我们还要学会把"许多点"变到"一点"，例如你有没有想到把"$a=1$ 时 $S=n\div2$，$a=2$ 时 $S=n\div2+1$，$a=3$ 时 $S=n\div2+2$，$a=4$ 时 $S=n\div2+3$……"这些规律再合成一条规律呢？有兴趣的同学课后可以继续研究。

上述教学设计之"一波三折"主要体现在以下三点：一是通过"想错了？""嗯，是错了……"的情感反应，让学生意识到，发现不一定都是正确的；二是通过"又错了？""呵，不全错。"的情感反应，让学生意识到，认识不一定要一步到位；三是通过"还错了？""耶，没有错！"的情感反应，让学生意识到，探究不一定都在课内完成。

上述教学设计之"神奇效果"主要体现在以下三点：一是多边形放在钉子板上后，多边形的面积竟然与边上的钉子数有了关系，这让学生感到很神奇；二是多边形的面积竟然还与多边形内的钉子数有关系，这让学生感到很神奇；三是这些规律竟然还可以合成一个规律，这让学生感到很神奇。

又如"平年和闰年"一课，我们同样可以使整个知识的展开过程因有"转折"而有"波折"——

第一步：我们可以把教材后面的练习题 2（如

2.小华每次过生日都要种一棵"生日树"，她在12岁生日那天种下了第3棵"生日树"。你知道她的生日是哪一天吗？

图 8

图 8）前置到课始，让学生产生"这可能吗？""怎么会这样？"想一探究竟的心理诉求，从而产生学习的驱动力。至此，这一任务设计达成了"故事公式"中第一步"目标"。

第二步：学生通过观察各个年份的年历，发现了"四年一闰"的规律，教师出示教材后附的"你知道吗？"（如图 9）中前面一段的解释，让学生明白"四年一闰"的道理。至此，这一任务设计达成了"故事公式"中第二、三、四步"阻碍→努力→结果"。

第三步：在学生形成"四年一闰"的认识之后，教师在一组判

断是平年还是闰年的
练习最后放入"1700
年",学生依据原有
认识判断"1700年"
是闰年之后,教师出
示 1700 年的年历,

你知道吗

地球绕着太阳不停地旋转,每转一周需要365天5时48分46秒。为了方便,人们把一年定为365天。这样,每经过4年就多出23时15分零4秒,把这大约多出的1天加在2月里,这一年就有366天。因此,通常每4年里有3个平年、1个闰年。但由于每4年多算了44分56秒,每400年就多算了3天2时53分20秒。所以,每400年就要少增加3天。于是,就有了"四年一闰,百年不闰,四百年又闰"的规定。

图 9

学生发现1700年竟然不是闰年而是平年,接着教师又出示1800年、1900年的年历,学生此时认为"公历年份数是整百数的,不是闰年"。至此,这一任务设计达成了"故事公式"中第五步"意外"。

第四步:教师随后出示"2000年",学生同样判断"2000年"是平年,结果查看2000年的年历后发现2000年又是闰年,剧情再次反转,学生愈来愈感到困惑——"这是怎么回事?",教师顺势出示"你知道吗?"中后面一段的解释——"但由于每4年多算了44分56秒,每400年就多算了3天2时53分20秒。所以,每400年就要少增加3天。"至此,这一任务设计达成了"故事公式"中第六步"转弯"。

第五步:教师进行总结,让学生最终掌握判断公历年份是平年和闰年的方法,明白教材所写的"公历年份数除以4没有余数的一般是闰年"中"一般"的含义——"公历年份数是整百数的,必须除以400没有余数才是闰年。"至此,这一任务设计达成了"故事公式"中第七步"结局"。

(2)"一波三折"课堂教学的局部设计

当然,教学的"一波三折"并不一定要通过完整的一节课去实现,有时候一个教学环节、一个教学片段就可以实现这种效果。其实,最简单的做法就是设计一些知识的"陷阱",让学生在"上当"中"上心"。

例如"角的度量"一课，我们设计了这样的题组——"猜一猜下面的角可能是多少度？"让学生的思考随着题目的依次出示而"一波三折"——

（1）角的一条边指向量角器右方的 20 度、30 度、50 度，角的另一条边不显现。学生猜测 20 度、30 度、50 度后，教师出示角的另一条边指向右侧零刻度线。（学生破案成功。）

（2）角的一条边指向量角器右方的 60 度，角的另一条边不显现。学生猜测 60 度后，教师出示角的另一条边指向左侧零刻度线。（学生破案失败，连呼上当。）

（3）角的一条边指向量角器右方的 70 度，角的另一条边不显现。此时，学生冷静分析：这个角可能是 70 度，也可能是 110 度。教师出示角的另一条边没有指向零刻度线。（学生破案失败，再呼上当。）

上述练习环节，学生在一波三折的思维波澜中不断经历着认知结构的失衡与平衡，虽然破案屡屡失败，但"角的度量"的认知难点被成功破解，学生的思维能力也在解决问题的过程中得以快速提升。

如果说"一气呵成"的课堂宛如一潭清澈的湖水，那么"一波三折"就犹如投入湖水中的一粒小石子，虽不能"一石激起千层浪"，却也足以使湖面泛起无数的涟漪……

二、找寻生活中的疑案，让学生运用知识来破案

日本教育学家佐藤学认为学习的本质是三种实践活动，即对自然和社会事件的认知活动，对文化承接和创新的实践活动，以及自我意义的

构建活动。在生活中，经常会发生一些让人觉得不可思议的事情，有些包含着数学知识，对此，我们可以拿来一用，让学生运用知识去探秘。这样的"应用题"，要比课本中的应用题更真实、更复杂、更刺激，也更有实际意义，而且能否破案有时还会影响人的情绪和生活状态，于是也就更能吸引学生去解开其中的谜团，最终找到谜底。由此可见，这种"对自然和社会事件的认知活动"，更容易促使学生的学习完成"自我意义的构建"。下面举几个实例：

1. 探秘有争议的疑案，查出事实真相

在生活中，人们经常会传播一些没有事实依据纯属捏造的言论。对这样一些似是而非需要冷静思考的不实信息，我们可以拿来设计成"疑案追踪"任务，指导学生去破案，最终不仅可以粉碎谣言，还能让学生练习运用所学知识。

例如曾经在网上流传过这样一个帖子：一个上班族因为煎饼上少了个鸡蛋和卖煎饼的大妈发生了争执，大妈说："我月入 3 万，还会差你一个鸡蛋吗？"这个帖子在人们心里激起了不小的波澜。对此，我们可以提出质疑：这个大妈说自己月入 3 万元，这可能吗？

要破解这个疑案，学生不仅要实地调查，还需要计算和推理。以北京为例，一张煎饼卖 6 元，毛利在 5 元左右。月入 3 万元，得卖出 6000 张煎饼。而北京这样的气候，每个月平均可以在室外正常工作的天数在 24 天左右。那么，这个大妈每天需要卖出 250 张煎饼。每张煎饼的制作时间大约是 3 分钟，那么制作 250 张煎饼就需要 750 分钟，也就是 12.5 个小时，这样的工作强度大妈吃得消吗？

学生在完成这个"疑案追踪"任务过程中，练习运用了知识，锻炼了能力，更重要的是体会到了卖煎饼的不易。通过探究，知识的内涵得到了极大的丰富，学生认识到，知识不只是课本知识，还包括生活、生存的知识，不仅包括如何做学问的知识，还包括如何做人的知识。所以，这是生活探秘任务，也是一个让人向善的探秘任务。

现在的商品广告虚假或夸张成分很多，对此，我们可以引导学生以怀疑的态度用所学知识进行求证。例如香飘飘奶茶的广告词：一年卖出七亿多杯，杯子连起来可绕地球两圈，连续六年全国销量领先。这可信吗？此时，学生会想到两种求证方法：（1）如果是奶茶杯首尾相接，需测量出香飘飘奶茶杯高，要运用测量圆柱体高的知识；（2）如果是奶茶杯左右挨着，需测量出杯体的直径，要运用测量圆柱体底面直径的知识。探究后发现，如果奶茶杯是首尾相接的话，此言不虚。

除了商品广告可能存在虚假或夸张成分，商品包装方式的选择也常常是一个疑案——"哪一种包装更划算？"例如生活中买大瓶的饮用水、饮料一定划算吗？根据平时的生活习惯，人们通常认为同一品牌同口味的饮用水、饮料，一般是大瓶装的更划算。所以市场上"畅饮瓶""牛饮瓶"更受到消费者的喜爱。事实真是如此吗？针对这个问题，东亭实验小学的黄晓璐老师带领四年级学生进行了如下疑案追踪和探秘活动——

首先在调查前制订计划，就研究哪些饮料、在哪里调查更加合理、选择饮料时要注意些什么等，学生做了充分的交流讨论。

大部分学生通过研究发现，一般大瓶的价格较小瓶的价格更加划算。但有些孩子调查后给出不同的结论：如某学生调查发现芬达大瓶装的反而略贵；再如康师傅水蜜桃汁 1L 装的价格是 4.2 元，2L 装的是 8.4 元，大瓶和小瓶每升的价格相同；又如康师傅椰汁 500mL 装的价格是 5.6 元，1L 装的是 11.5 元，后者定价更高。

在发现这些问题后，班级成员再次讨论，学生各抒己见，最后达成共识：像果汁一类的饮料，基于水果生产，饮料量要根据水果多少的变化而变化，所以要考虑到水果的成本，价格不可能越大瓶的越便宜；而可乐、雪碧等饮料是勾兑制造的，材料成本不高，容量大的瓶装卖得越多，赚得就越多，所以把价格压低生产商反而赚得多。至于有学生调查到芬达的价格小瓶反而便宜，有可能是产品促销使然，应该是偶然事件。

2. 探秘有干扰的疑案，找出问题症结

很多时候，书本上呈现的知识都是剔除生活杂质后的精华，书本上呈现的题目都是去除信息干扰后的简化，如此理想的状态下，知识的学习、题目的解答往往只是纸上谈兵。所以，一旦进入实战，学生往往会不知所以、不知所措。另外，除了不必要的信息干扰，信息之间的错综复杂也会干扰人的思考，让人感到困惑，一时之间发现不了问题或者虽然发现了问题却找不到问题的症结。这类问题，我们也可以拿来设计成"疑案追踪"任务，指导学生找出问题所在。

（1）设计多个条件干扰的疑案

2017年9月26日下午，宁波海曙区江厦派出所的廖警官，遇到了一笔"涉案金额"为2元的小纠纷：一名小朋友在小卖部用2元钱买了1支雪糕。后来，小朋友的外婆觉得雪糕有点变形，怀疑雪糕变质，于是要求退钱，而老板不同意。这时，一名女孩过来，买了1瓶2元钱的水。外婆就抢过女孩递给店老板的5元钱，然后找了她3元钱。女孩拿了钱就走了。对小朋友的外婆来说，这笔账似乎就这样结清了。可店老板却认为他没收到矿泉水的钱。于是，店老板就报警了。

"那你们双方什么想法？"廖警官问道。"她把那5元钱还给我！""那他得把买雪糕的2元钱退给我！"双方争先恐后地说。协调好后，他们各自拿钱散去。但是，廖警官回去后隐隐觉得："这笔账能这么算吗？"

在"这笔账能这么算吗？"这个疑案中，虽然只有买雪糕、买矿泉水两次交易行为，但涉及四方，买来退去，确实容易把人搞蒙。所以，这个疑案是训练学生数学思维很好的素材。理清思路是破案的关键：方法一，把女孩、店老板和小朋友外婆的每次收支都一一列出，可以得到"女孩持平，外婆亏 1 元，店老板赚 1 元"的结论；方法二，化繁为简，店老板有 2 元钱没有收回（不管是雪糕还是矿泉水的应付款），后来外婆给了店老板 5 元，后者本应找给其 3 元，但实际只给了 2 元（所谓的雪糕退款），这么算下来，店老板确实少退了 1 元钱，而外婆亏了 1 元钱。

这起为 2 元钱报警的小案子，竟然涉及这么多的数学"陷阱"，许多人被绕了进去。学生在破案过程中，可以调用所学的解决问题的策略——列举法和化繁为简法来解决问题。所以，这一"疑案追踪"任务可以放在苏教版教材"用一一列举的策略解决问题"教学之后让学生完成。另外，学生在破案过程中，会获得小问题大学问的感悟。

甚至，有些电视节目也可以用来设计"疑案追踪"任务。有一个小品《天网恢恢》，其中送盒饭的片段是这样的：一盒盒饭 30 元，骗子 A 给了送盒饭的小哥 100 元，小哥找了 70 元给骗子 A；之后，骗子 B 给了 30 元后把 100 元拿了回去；后来送盒饭的小哥说骗子 B 一共给了他 130 元，找回 70 元，他还收了 60 元，而盒饭只要 30 元，因此又还回了 30 元。这期间钱的"来来往往"同样很容易扰乱人的思维，设计成疑案，同样可以用一一列举的策略来解惑。

（2）设计多余条件干扰的疑案

有干扰的疑案，除了条件之间"来来去去"的干扰之外，有时候还有多余条件的干扰，前者需要学生能够理顺数量之间的关系，而后者需要学生能够理清数量之间的关系。

例如这样一道很有名的数学题："有三个人去住店，他们每人给老板

10元钱，然后老板给5元让伙计找给他们，伙计拿过钱想了想，三个人怎么平分这5元钱呢，于是他自己吞了两元钱，然后把剩下的3元钱分给他们每人1元，这样他们每人花了9元钱住店，一共花了27元，伙计贪污2元，加起来是29元。他们三人一共给了老板30元，那一元钱跑哪去了？"三人住店一共花了27元，而这27元分别在老板和伙计那里，也就是老板那里有25元，伙计那里有2元，根本不存在那所谓的29元，也就没有那所谓的"1元钱"，整道题目是出题者在混淆视听，故意将大家的注意力吸引到29元上，好让人们围绕那不存在的1元钱去冥思苦想。不明所以的人，自然会被搞得晕头转向。

3. 探秘有欺骗的疑案，揭出本质原理

生活是个大熔炉，鱼龙混杂，生活也是个大炼炉，可以锻炼人们明辨是非的能力。面对生活中的一些骗局，一旦揭秘其中的知识原理，人们往往会豁然开朗，惊呼"原来如此"。

（1）破解街头巷尾的骗局

我小时候，街头小摊上经常会有转盘抽奖游戏（如图10），花个几毛钱转一转，转到几，就从下一格开始往下数几格，数到哪一格，那一格中的东西就是奖品。例如转到7，就从下一格8开始数7格，停在4的区域，那么格子4中的奖品就归玩转盘游戏的人。然而奇怪的是，不管我们怎么转，结果都只能得到一些不值钱的小奖品，这让当时的我困惑不已。

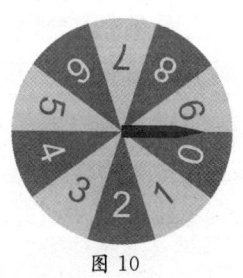

图10

直到学了"和的奇偶性"，我才恍然大悟：假如转到的是奇数，接着从下一格开始往下数这样的几格，根据"奇数＋奇数＝偶数"的数学知识可知，一定会数到偶数区域；假如你转到的是偶数，接着从下一格开始往下数这样的几格，根据"偶数＋偶数＝偶数"的数学知识可知，同样会数到偶数区域。由此可知，不管如何转，结局都是数到偶数区域，而偶数区域放的都是不值钱的小奖品。所以，这一疑案可以放在"和的奇偶性"之后作知识应用练习之用。

图 11

无独有偶，生活中还有类似这样的抽奖骗局（如图 11）：（1）用骰子掷一下，得到一个点数；（2）以 A 为起点，掷出的点数连续走 2 次；（3）走到哪一个，就可以得到对应的奖品。

从表面上看，似乎中奖与不中奖概率各占 50％，但实际上参与者却不可能中奖，这是为什么呢？学生对此充满了困惑和好奇，于是就会急切地寻找原因：骰子的点数是 1 到 6，得到的点数是 1 到 6，把得到的点数走两次，就是 1＋1 或 2＋2 或 3＋3 或 4＋4 或 5＋5 或 6＋6，得到的和都是偶数，这个骗局依然与和的奇偶性有关。

（2）破解消遣娱乐中的骗局

在多媒体时代，信息传送比较快捷，骗局也越来越多，有时让人"难分（难以分辨）难解（难以解释）"。例如 2011 年的时候，微信中出现了这样的"风水学"："2011 年有四个非同寻常的日期：1/1/11，1/11/11，11/1/11，11/11/11。这还不算完：用你出生年份的最后两个数字加上你今年的年龄，最后的结果会是 111，所有人都一样！今年是个钱袋年：今年的 10 月份有 5 个星期六、5 个星期天、5 个星期一，这样的年份每 823 年才有一次。按中国的风水学说，把这个消息送给 8 个熟人，4 天内钱就会来到。"凡是转发给 8 个熟人的人，都没能解开其中的奥秘，其实只需做这样的运算"2011－出生年份＝今年的年龄"，再把减法算式转换为加法算式"出生年份＋今年的年龄＝2011"，秘密就露出水面了。接下来，我们只需打开万年历，就能发现"有 5 个星期六、5 个星期天、5 个星期一"的月份多得数不胜数，比如 2009 年的 8 月、2010

年的 5 月、2012 年的 12 月等。其实，奥秘就这么简单，利用小学数学知识就可以轻松破解这些疑案。

　　其实，从广义上看，所有的数学知识在未学习之前都可以看作一个个"疑案"，等待学生去破解。教师的教学方式或学生的学习方式，就应该是破案式的，这样的教学可以称作"破案式教学"，这样的学习可以称为"破案式学习"，它区别于"填鸭式教学"和"应试式学习"。所以，在任务驱动学习中，教师应该让学生有更多的机会去破解一个个"疑案"，在成为破案高手的过程中成为学习知识的高手。

创造设计：
把学习空间打造成知识研发中心

赖登塔尔在《作为教育任务的数学》一书中提出了"再创造"数学教学思想，即让学生在现实活动中通过自己的实践和思考去"创造"，去获得数学知识，而不是生吞活剥地将数学知识灌输给学生。《华东师范大学学报》主编杨九诠将布鲁姆认知目标的知识、理解、应用、分析、综合、评价六个层次的后三者指认为高阶思维。

美国课程专家多尔说："学习成为意义创造过程之中的探险。"确实，学生很乐意接受学习中的创造性任务，它不仅可以体现知识的价值，还可以体现个人的价值，所以，创造性学习必定是主体性学习。

知乎大神采铜在《精进：如何成为一个很厉害的人》中指出，我们要对自己的兴趣进行升级，把对一件事的"消费型兴趣"升级为"生产型兴趣"。说得简单一点，就是从输入向输出转化。任务驱动学习同样如此，我们也要努力让学生从接受式的输入学习向创造式的输出学习转化，把"消费型"的学习方式升级为"生产型"的学习方式，倡导"创客式学习"。"创客式学习"是基于发现与探索、体验设计与创造过程的学习方式，鼓励学生在做中学，在探索中学，在设计中学，在合作中学，在跨学科中学。

一、创造知识：让学生"做中学"

陶行知说："我的理论就是行、知、行。"这首先告诉我们，"知"通过"行"而得，也就是说，我们的教学要让学生在"做中学"。

1. 让学生创"作"

弗赖登塔尔说："'学'这一活动最好的办法就是'做'。"数学创造性学习，离不开操作、制作、创作等实践活动和体验活动。"玩中学""做中学"可以发展成为"创中学"，促使学生从知识的"看客"向知识的"创客"转变。创造性学习，可以让学生对自己有足够的信心。

(1) 在动手制作中创造知识

"人有两个宝，双手和大脑。双手会做工，大脑会思考。""心灵手巧"这个成语原意是"心灵＋手巧"，但我们也可以理解成"心灵才能手巧"，还可以理解成"手巧更能使心灵"。"手是孩子的第二大脑。"

在任务驱动学习中，我们应该多设计让学生动手操作、制作、创作的任务。例如"——间隔规律"一课，教师给学生布置"穿珠子"任务：桌子上有若干红色珠子和黄色珠子，将它们穿到带子上，注意要一颗红色珠子接着一颗黄色珠子这样间隔排列，要求红色珠子必须是 4 颗。学生有 4 种设计：(1) 红—黄—红—黄—红—黄—红；(2) 红—黄—红—黄—红—黄—红—黄；(3) 黄—红—黄—红—黄—红—黄—红；(4) 黄—红—黄—红—黄—红—黄—红—黄。穿好后，教师让学生将它们围成圆形手链，还是要求一颗红色珠子接着一颗黄色珠子。学生会发现只有第 (2) 种和第 (3) 种穿法符合要求，因为它们两端珠子的颜色不同。课后，学生戴着课中做的"手链"，其兴奋可想而知。

在任务驱动学习中，甚至也可以让学生自己动手制作学具，在动手制作中创造出知识。例如教学"圆柱的认识"一课，我们就可以通过

"制作圆柱学具"这一任务来大做文章，让学生在制作活动中逐步体认圆柱特征：

第一次制作。提供一个圆柱物体，让学生制作与这个圆柱物体一样的圆柱学具，此时大多数学生想到的方法是描下圆柱物体的底面，然后用纸去围圆柱的侧面，此中学生很容易发现圆柱的两底面相等。

第二次制作。增加完成任务的难度，要求不能描圆柱物体的底面和用纸去围圆柱的侧面，而要测量后用直尺和圆规画出图纸，然后制作圆柱学具，引导学生发现侧面与底面之间的关系，最后让学生思考："要制作一个圆柱，至少需要知道哪些数据？"

第三次制作。再增加完成任务的难度，不提供圆柱物体，用一张长方形纸作为圆柱的侧面，让学生配上底面制作圆柱学具。此时，圆柱的侧面有两种围法，一是沿着长方形纸的长边围，二是沿着长方形纸的宽边围。

第四次制作。只提供一张长方形纸，让学生设计图纸，充分利用长方形纸的大小，制作圆柱学具。

上述接二连三、循序渐进的制作活动，既锻炼了学生的双手和大脑，又活跃了学习气氛，学生在收获知识成果的同时还留下了物质成果。这样的数学活动课，不仅是知识交流会，而且还是作品交流会。

（2）在动手实验中创造知识

一个关注中国的英国学者理查德·H. 托尼指出："中国教育过度使用了口头教育，忽略了实践活动和实验工作。"在任务驱动学习中，"做中学"既可以是数学实践活动，还可以是数学实验活动。

在数学实验中，我们需要思考任务如何设计能够最优化，让"指尖上的数学"能够获得最大的"指尖上的智慧"。例如"三角形三边关系"这一教学内容，在第一次教学中我们发现"三角形任意两边之和大于第三边"中的"任意"只有少数学生能够体会，学生的探究活动不充分，有限的操作材料制约了学生的理解，得到的结论有"证据"不足之感。

于是，我们改变探究材料，变固定为开放，在第二次教学中设计了如下数学实验任务——

师：任意3根小棒都能围成三角形吗？

生1：能。

生2：不能。

生3：不一定。

师：出现不同声音了。这样，我们用事实说话，每组都有一根吸管，请将它们任意剪成三段，围一围。

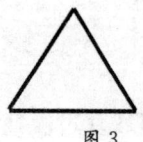
图1

生1（展示图1）：我们有两根吸管特别短，两根吸管长度之和小于第三根，一定不能围成三角形。

生2（展示图2）：我们先把吸管对折，在中间剪一刀，然后

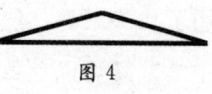
图2

再把其中的一根任意剪成两段，发现当两根吸管的长度之和等于第三根的时候，也围不成。

生3（展示图3）：我们小组围成了三角形。我们把这根吸管平均分成了3份，能围成一个三角形。

师：还有成功围成三角形的吗？

生4（展示图4）：我们先剪出一根长些的，一根短些的，再将长的这根平均分成了两份，一围正好围成了三角形。

图4

师：刚才两个小组围成了三角形，我们来看看这两个小组中两根吸管长度的和与第三根有什么关系。

教师帮助测量数据，学生计算后得出两根吸管长度的和大于第三根的结论。

2. 让学生创"想"

创造不一定只停留在动手制造上，还可以是动脑创想，教学的开放应该更多地着力于学生思维的开放上。

（1）在"左思右想"中创造知识

例如前面的"三角形的三边关系"一课，在之后的练习中，学生在解答"一个三角形，两边的长分别是 12 厘米和 18 厘米，第三条边的长可能是多少厘米？"时，普遍出现思维单向化，只会简单地把 12 厘米、18 厘米看成两条"短边"，得到"第三条边小于 30 厘米"的答案，而不会灵活地想到另一种情况，把 18 厘米看成一条"长边"，最终得到"第三条边应大于 6 厘米，小于 30 厘米"的完整结论。由此可见，第二次教学虽然重视了"任意三角形"的问题，却依然忽视"三角形任意两边"的问题，造成了学生思维的局限。于是，我们又进一步改变探究方式，变操作为想象，在第三次教学中设计了如下数学实验任务——

师：我们已经知道三角形是由 3 条线段围成的，那么，是否任意三条线段都能围成三角形呢？

生：能。

师：老师为每个小组准备了 3 根小棒，在组长那里，小组合作围一围，比比哪个小组围得最快。

生：老师，你拿我们开玩笑，这 3 根小棒根本不能围成三角形。

师（故作无辜状）：啊？没有小组围成？不是说三角形是由 3 条线段围成的，我为你们准备了 3 根小棒啊，围不成三角形吗？

生1：另外两根小棒太短了！

生2：是的，其中一根太长了，围不成三角形。

师：看来围成三角形的 3 条线段的长度是有讲究的。那么符合什么条件的 3 条线段才能围成三角形呢？我们先来看看刚才提供的 3 根小棒的长度有怎样的关系。如果我们用 a、b、c 表示这 3 根小棒（出示图 5），那么这 3 根小棒的长度有什么关系？

生：a 与 b 的和小于 c。（板书 $a+b<c$）

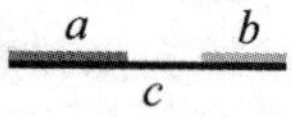

图 5

师：如果想要围成三角形，你有什么办法？

生 1：将 a 或 b 延长。

生 2：也可以将 c 缩短。

师：为了操作方便，我们将小棒 a 延长（多媒体演示将 a 延长得到图 6）。这样行了吗？

生：不行，还要延长。

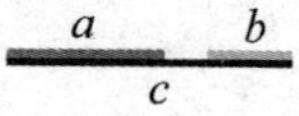

图 6

师：还要延长多少呢？

生：碰到 b。

师：碰到 b 也就是 $a+b=c$，（多媒体演示将 a 延长得到图 7）这样的 3 条线段围成三角形了吗？

有学生插话："没有围成。"但更多的学生表现出一种迟疑的神情。

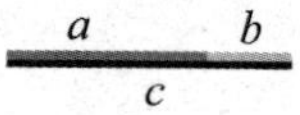

图 7

师：看来还是有同学感到疑惑，请大家想象一下，（指图 7）当 $a+b=c$ 时，3 条线段的端点出现了什么情况？

生 1：它们的端点重合了。

生 2：这时出现了 3 个端点在同一条直线上的情况。

生 3：三角形的三个顶点不能在同一条直线上，这样是围不成三角形的。

生 4：如果两根小棒的长度和与第三根相等，这样的 3 根小棒不能围成一个三角形。

师：现在你们觉得 3 根小棒要满足什么条件才能围成三角形？

生（齐）：当 $a+b>c$ 时，才能围成三角形。

师：那 a 可以无限延长吗？试一试，把自己的发现在小组里说一说。

生1：必须满足 $a \neq b + c$、$a < b + c$，否则又会出现两根小棒长度之和小于或等于第三根的情况了。

生2：将 a 延长，a 就可能变成最长边，就要符合 $b + c > a$ 才能围成三角形。

生3：我有补充，我们也可以延长 b，同样当 $a + b > c$ 时，能围成三角形；再将 b 继续延长成为最长边，要 $a + c > b$ 才能围成三角形。

师：这里的 a、b、c 这 3 根小棒要满足怎样的条件？

生1：只有满足 $a + b > c$、$b + c > a$、$a + c > b$，a、b、c 这 3 根小棒才能围三角形。

生2：任意两边的长度和大于第三边。

师：如果现在有两根小棒，一根长 7 厘米，一根长 9 厘米，把其中一根剪成两段，你能围成一个三角形吗？

生1：可以把那根长 9 厘米的小棒分成 1 厘米和 8 厘米、2 厘米和 7 厘米、3 厘米和 6 厘米、5 厘米和 4 厘米。

生2：他说错了，不可以分成 1 厘米和 8 厘米，因为 1 厘米＋7 厘米＝8 厘米。

师：你真了不起，不仅找到了答案，还洞察到了其中的细微之处。让我们把符合要求的三种情况画下来。（多媒体展示，如图 8）同学们看着图想一想，还有其他可能吗？

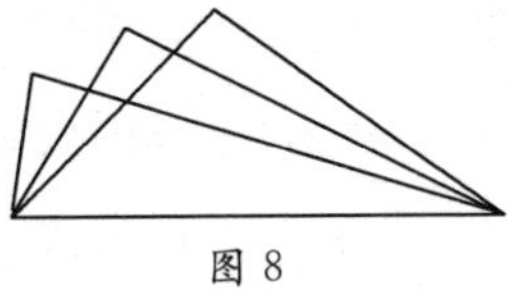

图 8

（片刻后）生：剪开的两条边的长度还可以是小数，比如 9 可以分成 4.2 和 4.8、3.6 和 5.4、2.9 和 6.1、3.2 和 5.8……

师：如果把这些可能都画出来，猜想一下，它会像什么？有兴趣的同学课后不妨研究研究。

现在我们继续探讨小棒的问题,我们可以把那根长 7 厘米的小棒分成两根,然后与 9 厘米的那根小棒围成三角形吗?

生:不能。因为分成的两根小棒长度之和总是小于另一根 9 厘米的小棒。

师:刚才有同学说,我们也可以换一种思路,将 c 缩短,那是不是可以任意缩短呢?

生:不能。因为如果要围成三角形,就必须满足三角形的三边关系。

……

第三次教学开始的时候虽然也让学生动手操作,但只是个引子。这里,老师巧妙地利用学生错误的"以为",提供了 3 根无法围成三角形的小棒,以激起学生的认知冲突和探究欲望,将学生的注意力集中到三角形的三边关系上,明确任务。

(2) 在"前思后想"中创造知识

在教学时,教师不仅要考虑给学生什么,还要考虑学生已经有什么,或许这样就能使看似不相关或不紧密的活动建立起"多边关系"。例如上述课例第一课时在方格纸上画三角形这一作业,学生不仅可以由"是不是任意的三个点都可以作为三角形的三个顶点",自然想到"是不是任意的三条线段都能围成三角形",而且可以由"同一直线上的三个点不能作为三角形的三个顶点"的认识,来说明"两条线段之和等于第三条线段时围不成三角形"的道理,这样从根本上解开操作演示中可能存在的因材料精确问题造成的结论难以确定的困惑。

当然,对最终结论"三角形两边之和大于第三边",我们同样可以在新课结束后画龙点睛,让"归纳"与"演绎"齐飞。具体做法如下:教师先出示图 9，问学生："从 A 地到 B 地，走哪条路近？为什么？"学生都会据"两点之间直线距离最短"这一知识来解释，然后教师把图中的曲线改成折线（出示图 10），此时学生又可以用刚刚学习的三角形的三边关系来解释。如此的渐变与对照，无须教师多言，学生自然会感悟到三角形的三边关系与"两点之间直线距离最短"之间的联系，确信其为真命题。

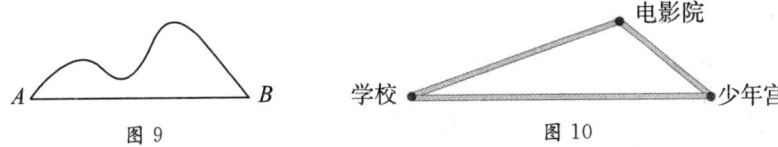

图 9　　　　　　　　　　　　　图 10

在任务驱动学习中，我们就应该多为学生布置一些创造性的设计任务，实施开放性教学。例如"一一间隔规律"一课，教师可以布置一个开放性任务："在一条长 20 米的小路一侧种树，每隔 5 米种一棵树，可以种几棵？"在学生简单理解题意后，要求学生根据自己的经验，不仅要写出算式，还要用图示把自己的想法画出来。此时，学生就会设计出"两端都种树""一端种树一端不种树""两端都不种树"等植树方案。

二、知识创造：让学生"学后创"

陶行知所说的"行、知、行"还告诉我们，"知"后要能"行"，在任务驱动学习中，有一种任务是让学生在"学后创"。

有人说："判断一个人是不是某个方面的高手，可以从他回答问题的水平来判断。你问一个点，他回答一个面，你再顺着这个面追问，他如果能回答一张网，那基本就可以判定他是这行的高手了。"我们都希望学生是学习的高手，而要成为学习的高手，学生就必须能够创造性地学习。在学生的认知地图上，数学这门学科应该被展开，嵌入到整个知识网络中。此时，或许我们能够明白：为什么应试教育培养不出对知识的真正兴趣？因为应试教育正好是反过来的，它把一张网压缩成一个面，再把一个面简化成一个点。所以，要实施素质教育，培养学生的核心素养，我们必须再反过来，让学生能够"学后创"——由"一个点"创造出"一个面"，进而创造出"一张网"。

1. 让学生用知识创造知识

（1）在知识的"猜学"中创造知识

有一种读书的方法叫"猜读"。华罗庚拿到一本书，先读一点，然后猜后面内容——若没猜中，就继续读；若猜中了，就不读了。

有一种看影视剧的方法叫"猜测"。在《你做过的每件事，其实都不会浪费》一文中有一个故事——

有个女生，从小到大除了学习外的一大乐趣就是猜电视剧的走向，尤其是刑侦剧，她很快就能知道谁是凶手。最厉害的是，她看言情剧看投入了，还会代替女主跟男主对话，结果女主往往跟她说的差不多。她妈常对她说的一句话就是，你每天看得这么投入，怎么不钻到电视剧里面去啊。后来，她成了某公司最厉害的编剧。

由此，我在想，可不可以进行"猜学"？在任务驱动学习中，我们应该交给学生学会"编剧"的任务，让他们时时处处猜想接下来会学什么，知识会怎样发展，老师会怎样教……

罗振宇在《知识就是力量》里说，这个世界上所有真正懂得财富密码的人，都是找未来要价值的。找未来要价值，也就是学会创造，这也就是哲学家怀特海所说的，只有当人类"发明了发明的方法"之后，人类社会才能快速地发展。同理，学生要真正懂得知识密码，也必须找未来要价值，学会创造，只有"学习了学习的方法"之后才能进步：在学习过程中做的"猜学","其实都不会浪费",到后来必定会成为自主创造知识的"才学"。

当然，这样的"猜学"最好是有根有据的。陶行知说，我们要以自己的经验做根，以这经验发生的知识做枝，然后别人的知识才能接得上去，别人的知识方才成为我们知识的一部分。在学生已经找到知识之"根"（知识的发生）的情况下，知识之"枝"（知识的发展）就可以让学生自己"接上去"，这"接上去"的过程也就是创造知识的过程。数学知识的逻辑性很强，很多后学知识是前学知识的"进一步"，对连续的、具有"血缘"的知识，我们就可以巧妙设计，让学生"接上"旧知创造出新知的任务。

例如《图形的放大与缩小》一课，例题使用的素材是把长方形按 2：1 放大。对此，我们可以这样一步步引导学生不断创造知识——

第一步，教师在"2"上画个圈，引导学生思考："是不是只能按 2：1 放大？"让学生按 3：1、4：1、5：1……放大。

第二步，教师在"1"上画个圈，引导学生思考："比的后项是不是只能是 1?"让学生按 3：2、4：3、5：2、5：3、5：4……放大。

第三步，教师在"放大"上画个圈，引导学生思考："是不是只能放大？"让学生按 1：2、1：3、2：3、1：4、3：4……缩小。

第四步，教师在"长方形"上画个圈，引导学生思考："是不是只有长方形才能放大与缩小？"让学生对其他平面图形进行放大与缩小。

……

除了一节课的新授和练习可以在学生的经验和知识的逻辑关系中"创造"出来之外，知识的研发成果还可以串联几节课的教学内容。例如

《混合运算》一课，由加、减、乘、除这些基本运算可以组合出加减、加乘、加除、乘加、乘减、除加、除减等混合运算，学生可以按照这样的"知识地图"进行学习，这也意味着连续几节课的教学内容，都由学生创造设计了出来。对此，华东师范大学钟启泉教授说，单元设计是撬动课堂转型的一个支点，是课程开发的基础单位，是课时计划的指引，它的起点是学生认知。

又如《公顷的认识》一课，我们可以引导学生利用旧知将新知"公顷"创造出来。教师可以出示公园的平面图："要测量公园的占地面积，该选用什么面积单位呢？"根据学生回答的面积单位出示相应的数据，总结"越使用较大的面积单位表达越简洁"的规律，以及如果用一个比"平方米"更大的面积单位来表达会更简洁，于是，教师布置"比'平方米'更大的面积单位会是什么？"的创造性任务，让学生比较已经学过的1平方厘米、1平方分米、1平方米这些面积单位的概念，创造出"1平方十米""1平方百米""1平方千米"等更大的面积单位，教师由"1平方百米"顺势引出"公顷"这一概念，而"1平方千米"是后一节课的教学内容。另外，教师还可以顺便补充"1平方十米"也就是"公亩"这一教材上省略但学生可能想了解的知识。这样的创造任务，既实现了学生思维的灵活，又实现了全景性学习。

这样的创造，除了可以创造出知识成果，还可以创造出知识成品。例如由"米"可以创造出"分米""厘米""毫米"等更小的长度单位，可以制作米尺用于测量长度。如果我们把米尺想象成"数尺"，反向数数，就可以创造出"负数"这一知识成果。怀特海说，一旦学生掌握了结构，他们就能"站起身来，环顾四周"，达到更高的理解层次。对此，还有人说："如果一个人掌握的都是个别经验的知识，那么他就没有什么知识"，"知识的结构扩大了人的想象中的行动范围"。

在知识创造过程中，很多时候需要汇众智搞创新，当学生的知识

（见识）"接上"别人的知识（见识），或许就能够创造出更高明的知识（见识）。也就是说，在创造性学习中，我们要让学生学会知识的共享和知识的共创。

例如《和的奇偶性》一课，在举例验证猜想环节，学生大都想到的是以前获得的知识——"举的例子越多越好，如果出现一个反例，猜想就是不成立的"，但有一位学生却提出了不同的观点："这里的举例只要举出的数小一点就可以了。因为判断一个数是奇数或偶数，只要看它的个位就可以了，位数再多也没用。"受其启发，又有一位学生认为："举一位数就行了！"全班学生经过讨论，一致同意用0、2、4、6、8来代表所有的偶数，用1、3、5、7、9来代表所有的奇数。在总结时，有的学生说这一举例验证的方法太方便了，以前的举例是无穷尽的，而现在一下子就囊括了所有的奇偶性结果。

（2）在知识的"迁移"中创造知识

学生在学习时，一旦掌握了知识原理和学习原理，也就掌握了用知识创造知识的本领，即通过知识迁移和学法迁移实现"知识创造"——用旧知创造新知，甚至创造出新的方法。后者正如法国作家马克·李维在《偷影子的人》中所说，规则，是用来让你们学会经验；而经验，则是让你们拿来打破规则的。打破了原有规则，就可能会有创新。

更进一步来说，除了知识的迁移和学法的迁移，甚至还包括态度的迁移。例如由"2的乘法口诀"这一课的知识原理和学习原理正向创造出后续的一连串乘法口诀以及研究和编写方法，由"因数"的知识原理反向创造出"倍数"知识以及研究方法。这种创造性学习可以使学生有效地减少那种死记硬背的机械学习。对此，经济学家王福重有这样的观点：中国人说一个孩子聪明，一是早熟，也就是会抖机灵，抖机灵的孩子未必有出息，因为可能不诚实；二是简单的记忆力，如会背唐诗、圆周率等，没意义。法国科学院院士、认知神经科学家斯坦尼斯拉斯·迪昂在《脑与阅读》一书中认为，孩童在背诵九九乘法表的时候，虽然算数能力得到提升，但大脑的表现却更像是在背课文、学文科知识。

其实，只要我们能够找到知识之间的关系，那么创造性学习就可以在"拉关系"中拉开序幕。例如我们可以引导学生根据核心知识乘法的意义"4个6是多少"，通过数形结合的方式（如图11），从不同的视角创造出乘法交换律 $4\times6=6\times4$、乘法结合律 $4\times3\times2=4\times（3\times2）$ 和乘法分配律 $4\times（2+4）=4\times2+4\times4$。这样的创造性学习，让学生一下子明白了知识之间的"血缘"关系。

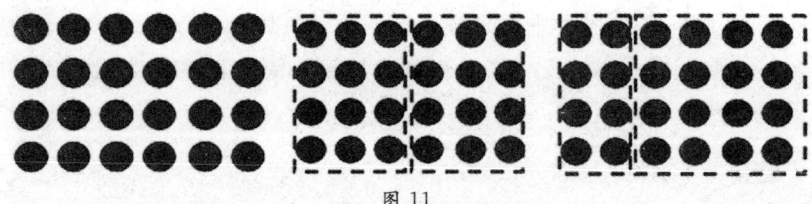

图 11

这样的关系不局限在"至亲"知识之间，有时候"近亲"知识也能在"拉关系"中被创造出来，正如美国普林斯顿大学教授罗伯特·达恩顿所说，知识就像爬虫与老鼠，能够从一个类别滑入另一个类别，咬痕清晰可见。

例如《分米和毫米的认识》一课，如果从长度单位这个"小家庭"来认识，米、分米、厘米和毫米无疑是"亲兄弟"。在设计本课教学时，首先要拉好知识"小家庭"中的亲缘关系，除此，我们还可以思考，在知识"大家庭"中是否有着可以彼此照应的有缘关系。在学生的知识库中，已有知识"元、角、分"与新授知识"米、分米、厘米、毫米"有着相同的结构关系。于是，我们就可以这样设计创造性任务——

（1）教师出示"1−1＝9"，学生都会认为此式不成立。

（2）教师改写成"1（　）−1（　）＝9（　）"，让学生填入已经学过的计量单位使等式成立，学生很容易想到"元、角、分"，并由此猜想出"米"和"厘米"之间可能存在一个长度单位，与米和厘米分别是十进制关系。（板书如图12）

（3）教师肯定学生的猜想成立，揭示"分米"。（也可能学生听说过或知道这个单位）然后教师抓住"1分米＝10厘米"的进率关系让学生在直尺上找1分米。

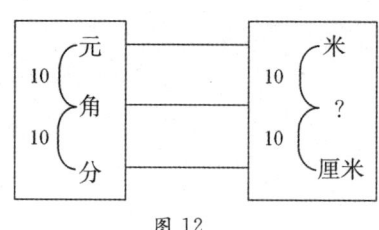

图12

如此进行任务设计，学生一旦想到已学的"元、角、分"，那么旧知的内容构造和学习方式就会成为新知创造和学习的踏板。长度单位和货币单位虽然算不上"至亲"，却可以算是"近亲"，都是计量单位。如果我们看得再远一些，走出"直系血亲"——几何领域，观察"旁系血亲"——数的领域，会发现计数单位也是十进制，有着类似的进率关系，如此"拉关系"，就把不同领域的知识融会贯通了。附带一提的是，新授结束后，教师可以前后呼应，回到"1（　）－1（　）＝9（　）"，让学生试着用学到的长度单位填一填："1米－1分米＝9分米""1分米－1厘米＝9厘米""1厘米－1毫米＝9毫米"。最后，教师还可以引导学生猜想"米"和"毫米"两端更大、更小长度单位存在的可能性。

（3）在知识的"运作"中创造知识

迎合学生的"喜新"心理，知识的呈现可以有多种面貌，这些面貌也可以让学生运用所学知识创造出来。另外，除了通过知识的整体创造来设计一节课，我们还可以通过知识的局部创造来设计一节课的一个环节。

例如《年月日》一课，新授结束，教师大都会出示顺口溜让学生背诵，如"七个大月你记住，七八两月挨着数，七月以前找单数，七月以后找双数。""一三五七八十腊，三十一天永不差，四六九冬三十整，二月二十八或二十九。"但教师或许不知道，这种顺口溜，学生不会感到顺口，因为它要求学生死记硬背，而且并不好记。所以，我们应该把这种死记硬背变成意义记忆，其中一种做法就是让学生自己根据所学知识把顺口溜"创造"出来。为了帮助学生进行"知识创造"，我们不妨在这之前进行以下练习和引导——

（1）"单双"对比法。大月都是单数吗？如果不是，以哪一个月为界？你能就此编一个歌诀吗？

（2）图示记忆法。课件出示"大月示意图"，标上"1"到"12"的月数，用一种醒目的颜色框出大月，用另一种醒目的颜色框出小月，然后总结其规律。

（3）用扳指头法数出大月。从左手食指突节开始，数到小指突节为7，凸起部分是大月，凹下部分是小月，到7后再返回食指重新从8顺数下去到12止。

经过这样的铺垫，有学生创造出了这样的顺口溜："握紧拳头有规律，凸起部分是大月，凹下部分是小月，只有二月很特殊。"这个顺口溜是学生在自己有所悟、有所思的基础上创作出来的，它自然就顺口，记忆也必定是有意义的。

2. 让学生用知识创造作品

除了可以让学生用知识创造知识，我们还可以让学生用知识创造作品。

（1）创造的作品可以是学具

例如学生学习了"圆柱的体积计算"知识后，前述的"给一张长方形纸作为圆柱的侧面，让学生配上底面制作圆柱学具"这一制作活动可以增加条件改成"给一张长方形纸作为圆柱的侧面，让学生配上底面制作一个体积最大的圆柱学具"。

又如学生学习了"圆锥的体积计算"知识后，我们可以再次设计一个制作任务——

师：上节课同学们已自制了等底等高的圆柱和圆锥学具，本节课我们继续制作圆柱和圆锥学具，但要求不一样。制作一个等体积等高的圆柱和圆锥，同学们想想怎么制作。

生1：没法做。

生2：肯定有办法。

生3：高相等容易做，体积相等不好做。

生4：好做，因为等底等高的圆锥的体积是圆柱的 $\frac{1}{3}$，高相等，只要让圆锥的底面积是圆柱的 3 倍就可以了，反过来，只要让圆柱的底面积是圆锥的 $\frac{1}{3}$ 就行了。

师：这位同学回答得太好了，同学们按他说的方法试试吧。

……

师：做好的同学到讲台上来验证一下自己做得对不对，展示一下你们是怎么验证的（有些许的误差忽略不计）。

学生纷纷上台，装沙子验证。

……

（2）创造的作品可以是玩具

运用所学知识，不仅可以获得更多的创造发现，还可以获得更多的创造发明。

例如学习了"米和厘米的认识""克和千克的认识""角的测量""轴对称图形"以及"统计"等知识后，我们可以先组织学生试飞自制纸飞机，测量统计飞行距离、机身和机翼的长度，称量飞机的质量。学生在亲历试飞的过程中，收集、处理、统计、分析、比较信息，并根据分析结果，从纸张质量与机身、机翼长度两方面探究飞行距离远的纸飞机的结构。然后教师向学生介绍"2012年美国约翰·柯林斯折成的纸飞机连续飞行了69.14米，创造了吉尼斯世界纪录"的故事，引导学生用约翰·柯林斯发明的折法制作纸飞机（如图13）。在制作过程中，让学生注意对称、角的大小等数学知识。

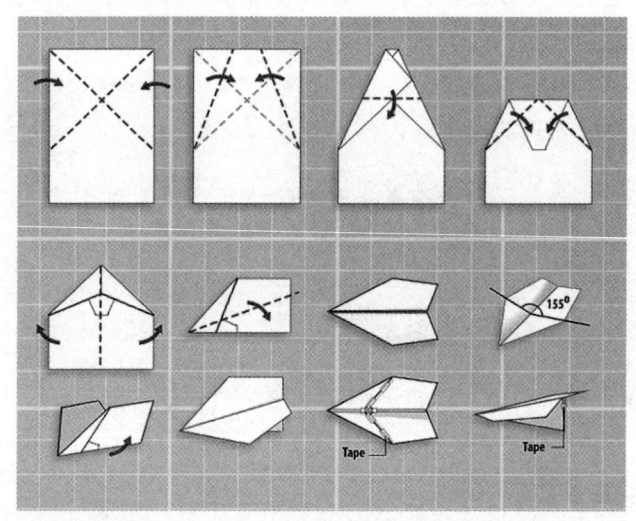

图 13

这样的活动，哪怕所包含的学科知识不多、不强，只要学生有兴趣，并且能够让学生心灵手巧，同样值得一做。例如柏庄实验小学的徐科磊老师给学生布置了这样的"制作"家庭作业，并让学生用文字、照片、视频记录创造过程——

A4 纸的高度

无锡市柏庄实验小学四（8）班　许昊洋

寒假里，数学老师徐老师给我们布置了一个奇怪的家庭作业，我看了下题目，总共有五道题可以选做。其中第5题是这样的：可以裁剪但不用胶水，一张A4纸竖立在桌面上能竖多高。我心想："这个也太简单了吧，把纸折一下，然后竖着放到桌面上不就行了。"

因为作业要求要有活动过程（拍照或视频等），我就跟爸爸借了手机拍照。爸爸在一旁看我操作，摇了摇头，说："如果给你两张纸呢，该怎么做？"

"胶水粘起来，然后再折一下就能竖起来了，可现在不能用胶水，怎么办呢？"我思考着。

爸爸见我想了一会儿还不知该如何处理，就提醒道："你玩积木时是怎么做的？"

"对啊！"我马上想到了，"把第二张纸也折一下，再把它放到第一张纸上，把两张纸像玩积木一样垒起来不就可以了。"说着我就按自己所想的那样去试了一下，果然很轻松地就成功了。（如图14）

图14

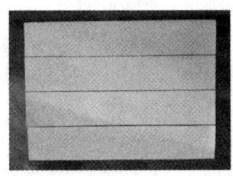

图15

可题目只允许用一张纸呀，这也难不倒我，题目中说可以裁剪，把纸一裁二不就变成两张了。三张或者四张纸呢？我决定挑战一下，把A4纸裁成四份。（如图15）

把裁好的纸折成如图16

的形状，之所以折成这种形状是因为经过几次尝试，这样折更容易让纸竖立起来不倒。

图16

接下来要来搭积木了，我像之前那样，把折好的纸一张一张往上垒，结果让我大失所望，最多只能垒两张，第三张就垒不起来了。无论我怎么努力，那纸就是不肯"屹立不倒"。经过大量失败的操作后，我只能再一次向爸爸请教。

爸爸说："需要用刀划几个卡槽出来才行。"

"什么是卡槽啊?"我一脸疑惑地问。

爸爸说:"就是用刀把纸的一头划开一点,然后把另一张纸插到前面一张划开的地方。"说着就拿出了一把美工刀示范。我看了一遍就明白了,挽了一下袖子,继续我的挑战。我把槽划了1cm左右长(如图17),再把划好槽的纸两两相接。(如图18)

图 17

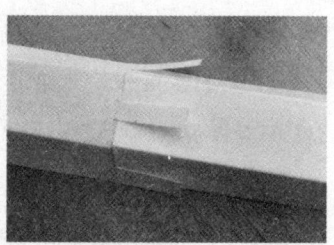
图 18

最后,考验我耐心的时候到了,我小心地把四张连在一起的纸竖立在桌面上。这时又出问题了,连接到第三张纸的时候,最下面一层的卡槽开始失去作用,原来是卡槽深度不够,重心稍微有点不稳,两张通过卡槽连接的纸就散开了。于是我加长了卡槽的长度,使卡槽长度达到了2cm。又经过一番努力,终于成功啦!(如图19)

图 19

通过查询我知道,A4纸的尺寸是长297mm、宽210mm。我是把宽的那条边平均分成四份的,这样每张裁好的纸还是长297mm。最后竖在桌子上的纸的总高度为:四张纸的长度总和减去当中三个卡槽的长度,$297 \times 4 - 20 \times 3 = 1128$(mm)。

总结一下做这道题的心得体会:

(1)第一步把A4纸平均分成几份也要考虑好,分少了竖起来就不会太高。分多了最后很难把纸竖立起来。卡槽的长度也很重要,短了,两张连接的纸很容易散开,长了,会影响最后的总高度。最后把纸竖立起来时一定要让纸的重心上下保持在和桌面垂直的直线上，这样才能让纸竖立在桌面上。

（2）一张薄薄的 A4 纸，想让它站立，几乎是不可能的。但把它折一下，它就能站立了。我们在学习上，碰到问题解决不了时，如果换个角度思考，说不定就能迎刃而解。

这样的课外制作活动不仅充满趣味，还充满人情味。例如有一位教师在学生学习"平行四边形的面积计算"后，在临近元旦之际，布置了一个"制作一张平行四边形的新年贺卡送给老师"的开放性任务，要求面积数是老师的年龄数 41，单位是平方厘米。面对这个有情调的制作任务，学生显得格外兴奋。

"知识创造"，创造的作品可以是工艺作品，例如上述有着知识含量的纸飞机和贺卡。还可以是文艺作品，例如有一位教师让学生在"有趣的七巧板"课后进行多副七巧板的文艺创作活动：先引导学生背诵古诗，如《寻隐者不遇》《小儿垂钓》《赠汪伦》等，确定好创作主题，然后分工设计，之后整合（润色、调整）。另外，还可以用七巧板进行寓言故事、生活场景、体育活动的创造和设计。

总之，学生具备了创造性思维，也就具备了经济学上所说的复利思维。所谓复利思维，其本质就是：做事情 A，会导致结果 B；而结果 B，又会反过来加强 A，不断循环。爱因斯坦说，复利是世界的第八大奇迹。任务驱动学习中，复利思维同样可以创造学习的奇迹和知识复利。所谓知识复利，就是新知识不断成为下一次思考素材的积累，从而让知识能够不断以"复利"速度快速迭代。如此，知识就会在原有的基础上越创越多，学习也必将实现自主。任务驱动学习中，目标感愈强烈，复利思维对学生学习的影响就会越大。

项目研究:
致力培养学生实践智慧

小学生搞"研究"是世界各国新一轮"课堂革命"的重心，正在成为基础教育改革的"杠杆"。小学生的"研究"，多是在教师或专家指导下，以小组形式，对某个真实问题或专题进行探究，是基于项目的深层次学习活动，它不是严谨意义上的研究，而是重在创新学习和学习创新，重在发展高阶认知和思维能力。当你把学习当作"做研究"时，方法的科学、路径的选择、思维的启迪等就成了课堂的关键。

教育家克伯屈于1918年首次提出"项目"的概念，作为项目研究的任务设计应该具备这样五个基本要素：一是任务驱动，二是情境探究，三是共同协作，四是工具支持，五是成果分享。

项目设计要直接指向知识应用的场景，引导学生理解真实世界的底层结构，建构基于项目研究的学习框架。

项目研究视角下的小学数学教学，是以数学课程为基础，通过对教材的创造性使用和开发，将多方面的资源进行整合，借助一些有意义的项目研究主题，有效融合多方面因素，为学生构造一个相对开放的学习时空，拓宽学生的数学视野，改变学生的思维方式。

一、设计好引入知识的研究项目

霍西和蔡斯在《项目方法的简要导引》中写道："项目方法意味着要为学生提供机会，让学生专注于生活，投入到让人感觉到满足而值得从事的活动中。开展这类活动，意味着教师要引导并协助学生参与这些活动，目的是让学生能够充分收获到一切可能的益处。"我们首先应该通过对教材例题的改造或创造性使用，努力开发合适的研究项目，驱动学生进行项目研究。

1. 用项目优化例题

（1）对现有教材进行必要的放大

现行小学数学教材中有很多教学内容的编排已经具备了项目研究的基调，对此，我们可以对其进行放大处理。不过，很多时候，受制于例题所包含的信息容量或受制于课堂教学时间，这样的项目研究任务往往只能是"微项目"。

例如苏教版三年级下册《长方形面积的计算》一课，教材所设计的数学实验（如图 1）就可以视为项目研究。

④ 小组合作，用几个 1 平方厘米的正方形摆出 3 个不同的长方形，并填写下表。

	长/cm	宽/cm	正方形/个	面积/cm²
第1个长方形				
第2个长方形				
第3个长方形				

图 1

项目研究的主要形式是团队活动，而原来例题中"摆出 3 个不同的长方形"的要求还不足以让学生"感觉到满足"，可能会让学生难以尽兴，也难以尽知。对此，我们不妨把原来的要求改造成"小组合作，用几个 1 平方厘米的正方形摆出若干个长方形",以满足学生有更多的数据来发现数学规律。

同时,为了让学生感觉到"值得从事"这一项目研究活动,我们还必须让学生明白"立项"研究的缘由,也就是首先要让学生明白如同长度单位可以度量线段长度,长方形的面积也可以用面积单位来度量,但是每次度量比较麻烦,顺势引导学生发现长方形的面积与长宽有关,再指导学生立项研究有什么关系并设计研究方案。最终学生探得长方形的面积计算公式之后,也就"能够充分收获到一切可能的益处"——从此可以便捷计算出长方形的面积。另外,让学生感觉到"值得从事",其意义还在于让学生感觉到这一项目研究有着实用价值。在课首我们可以创设"测量一块长方形土地"等生活情景来引入新课,从而让学生在专注生活中专注于学习。如此优化设计,使得原有例题更像研究项目。

《义务教育数学课程标准》(2011 版)中明确指出学生要"经历有目的、有设计、有步骤、有合作的实践活动",如果说新授课中设计的研究项目很多情况下只能成为教学片段,那么如《怎样滚得远》《数字和信息》《多边形的内角和》《钉子板上的多边形》等一些发现新知的综合实践活动,则综合性和实践性更强,可以直接当作研究项目布置给学生,成为整节课的"主题曲"。

(2)对现有教材进行必要的改造

同样,为了使综合实践活动成为研究项目,我们有时候依然需要对教材进行适当改造,努力让学生"感觉到满足而值得从事",并"能够充分收获一切可能的益处"。

例如苏教版四年级下册《数字和信息》一课(如图 2)以"提出问题"的形式来引起学生的注意,但学生对此并不能感觉到"值得从事"和收获"可能的益处",所以,如此项目引入,学生缺乏研究的需求。

提 出 问 题

生活中，我们经常见到一些像电话号码、门牌号码这样用数字编成的号码。你知道下面这些号码分别表示什么吗？

图 2

对此，我们可以把教材原本的"提出问题"改造为"给出任务情景"——"一个可爱的小宝宝降生了，你会帮小宝宝编身份证号吗？"于是研究项目有了现实需要，学生要编身份证号，就必须研究身份证号所包含的信息。此时，这一研究项目不仅包含了教材的原本信息，更重要的是学生一开始就知道了该项目研究的价值，所以，与其说是项目任务在驱动学生研究，还不如说是项目价值在引领学生研究。

另外，苏教版特有的《解决问题的策略》教材内容也很适合改造成研究项目。不过，此类策略教学依然需要教学策略，以使之发扬光大。

例如苏教版五年级下册《用转化的策略解决问题》一课，考虑到转化思想早已渗透在之前的数学教学中，对此，我们不妨设计"寻找'潜伏'在身边的转化策略"的项目任务，提前一周甚至一月布置给学生，把研究周期拉长，让学生有充足的时间去寻找之前学习中转化策略的例子，等到正式上这节课的时候，可以先让学生汇报，教师相机调整和补充。此时，新授课变成了项目研究成果的展示课。

2. 用项目替换例题

现行小学数学教材中还有很多教学内容的编排与项目研究相去甚远，但我们不能断言它们就不具有项目研究的基因，很多时候我们只要用心开发，完全可以创造出研究项目。

例如苏教版五年级下册《折线统计图》一课编排的例题情景（如图

3)，张小楠为何要把自己的身高数据制成统计表和折线统计图，又为何要把统计表改成折线统计图，我们不知其动机。教材最后提出的讨论问题（如图4），也只是属于"看图说话"，对于折线统计图优越性的体现，还是缺乏足够的说服力。

① 张小楠把自己6～12岁每年生日测得的身高数据制成了统计表和折线统计图。

图 3

看图讨论下面的问题：

（1）随着年龄的增长，张小楠的身高是怎样变化的？从6岁到12岁，她一共长高了多少厘米？

（2）你能从折线统计图上看出哪一年张小楠的身高增长得最快吗？你是怎样看出来的？

（3）估计一下，张小楠13岁生日时的身高大约是多少厘米？

图 4

《好好学习：个人知识管理精进指南》一书作者成甲认为："一切的学习和努力无非三个目标：一是解释问题，二是解决问题，三是预测问题。"平常学生的学习更多是为了"解释问题"和"解决问题"，很少是为"预测问题"。而折线统计图的优越性就在于它不仅能够"解释问题"而且能够"预测问题"，从而"解决问题"。对此，我们不妨创造一个与每一个人息息相关又更具现实意义的研究项目，如以"地球还能撑多久"为主题的研究项目，来替换教材例题情景。首先，播放世界各国人口密集的画面，最后定格在"2011年世界人口达70亿""专家分析地球最大人口承载量为100亿"两条信息上，由此引发学生预测："什么时候地球上的人口将达到100亿？"进而引发统计数据、整理数据、描述数据、分析数据的需要，教师根据学生的需要提供以前世界人口统计数据，让学生小组合作统计，在统计过程中体会折线统计图的特点和优势。如此用项目任务来管理知识，或许更能让学生学得精进。

二、设计好应用知识的研究项目

东北师范大学史宁中教授曾说："我们必须清楚，世界上有很多东西是不可传递的，只能靠亲身经历。智慧并不完全依赖知识的含量，还依赖知识的运用。"我们常说"学以致用"，但实际上反过来"用"也可以致"学"，"用"更能显现实践智慧。如何"用好"，有一种很好的做法，就是在学生新知学习之后的练习环节设计相关的研究项目，让学生在亲身经历知识的运用中进一步巩固学习、深化学习和拓展学习。

1. 用项目改造练习

（1）把"解题"变成"解决问题"

就"解题"与"解决问题"来说，学生对后者更有好感，因为"解题"更多的是机械操练，而"解决问题"大都具有现实背景。培根说，知识本身并没有告诉人们怎样运用它，运用的方法乃在书本之外。如果"解决问题"还能演化为一种有意义且有意思的活动，那学生更愿意去完成。

例如苏教版六年级上册《用百分数知识解决的实际问题》一课中有这样一道练习题（如图5）：

7. 学校生物小组用两种不同的大豆种子做发芽试验，结果如下表：

	第一种	第二种
发芽率	92%	97%

（1）哪种大豆种子的发芽率高一些？

（2）第二种大豆种子发芽的粒数一定比第一种多吗？为什么？

> 发芽率有可能超过100%吗？

图 5

学生做到第 7 题时，已经心生厌倦，此时，我们可以把上述单纯的解题改造成以"种子的发芽率"为主题的项目研究活动，让应用题真正成为应用题，让学生在现实中感知到知识的存在，使其能够触摸到知识，通过触感来提升知识的应用能力。我们应该明白，教学如果只是纸上谈兵，极其容易使解决问题异化为解题。更可怕的是，长期对知识缺乏感触的人，对知识往往满不在乎，缺乏学习的兴致和热情。在这个项目研究活动中，学生各显神通，有的学生选择了拍摄图片与观察日记相结合的形式来记录豆子的成长过程，并做成精美的动态课件参与"研究成果展评"，还有学生把心得体会写成数学实验日记、实验小论文、实验小报等进行展示。

（2）把"题目"变成"主题项目"

我们还可以把相关练习题合成一个主题变成一个项目。"做题目"与"做项目"，学生的心理感受大不同。例如下面一些练习题可以组合成"小区建游泳池"的研究项目：

①为了使居民有更多的活动场所，香草苑小区物业管理部门决定在小区内挖一个长 40 米、宽 30 米、深 2.5 米的游泳池。请你帮忙算一下，挖这个游泳池需挖掉多少泥土？如果每次用能载 20 立方米的汽车来运土，需运多少次？

②在挖出泥土后，还需要在它的四壁贴上瓷砖，请你帮忙算一下，贴瓷砖的面积是多少平方米？

③根据实际需要，游泳池的底面要铺上防滑地砖，现有三种边长分别为 30 厘米、50 厘米、60 厘米的正方形地砖，你认为选择哪一种地砖最好，为什么？一共需要多少块这样的地砖？

④为了保证居民的安全，还要在游泳池的四周围上栏杆，请你帮忙算一下，栏杆长多少米？

⑤在建好游泳池后，现在要往游泳池内注水。如果要使池内水深达

1.6 米，每立方米水价 3.6 元，请你帮忙算一下，游泳池内注一次水需花多少钱？

⑥小区的游泳池建造完工，物业管理部门最后决定在游泳池上空装上红、黄、蓝三种颜色的彩灯。三种彩灯一共是 36 盏，其中蓝灯占总灯数的 $\frac{5}{12}$，黄灯占总灯数的 $\frac{1}{4}$，那么红灯占总灯数的几分之几？哪一种颜色的灯装得最多？

如果在平时，学生一看这么多题目头就大了，现在这些题目成了一个合情合理的工程项目，学生感觉并不是在做一道又一道的题目，而是在解决一个实实在在的问题——一个"建好游泳池"的实际问题。

2. 用项目跟进练习

在教材编排的练习基础上，我们还可以跟进设计一些研究项目作为"课外"（课题之外或课堂之外）活动，让学生进一步应用知识、拓展知识和深化知识。

（1）设计课题之外的研究项目

例如学生学习了角的认识、角的度量、角的分类和画角，并达到一定熟练程度之后，我们设计了"什么样的长方形能折出 30°角"的研究项目，在这个数学实验活动中，引导学生进行以下探究：

（1）量一量：测量不同长方形的长和宽（先不提供长是宽的 2 倍的长方形）。

（2）折一折：沿长方形的对角线折出角。

（3）量一量：测量折出的角的大小。

（4）看一看：将数据填入表中，观察数据，形成猜想"长方形的长是宽的 2 倍时可能折出的角正好是 30°"。

（5）试一试：裁剪出长是宽的 2 倍的长方形，验证猜想。

（6）延一延：如果给你一张正方形纸，你能很快折出 30°角吗？你能发现折出的有 30°角的直角三角形的边有什么特点吗?

上述这一项目研究,既巩固了原有知识,又给了学生新的认识。由此可见,知识的练习未必总是要教师以习题的形式提供给学生,还可以用项目研究或课题研究的方式呈现。哪怕是数学习题,只要有足够的探究空间,同样可以深化为研究项目。

例如学习"同分母分数加减法"之后,有这样一道习题:"分母是 10 的所有最简真分数的和是多少?"在学生得出"2"的结果后,教师可以顺势引导学生猜想:"分母是其他数的所有最简真分数的和也正好是整数吗?"学生在尝试和验证中,乐此不疲地做了许多道这样的计算题,这样的猜想到底是否正确的悬念一直会让学生牵挂到接触"欧拉定理"之后。

当然,如果这样的研究还与学生的学习生活息息相关,那就更能讨得学生的喜欢,例如"课桌椅的高度与身高的关系"的研究就具有实际意义,学生参与起来就没有做题的感觉。所以,我们还可以围绕一些知识的应用跟进设计研究项目,例如学习"三角形的认识"之后,云林实验小学的曹旸老师设计了"一张纸能承受多大的重量?"的项目研究——

1. 提出研究项目

一张普通彩纸,看起来很薄,很容易撕破,它能承受多大的重量呢?

2. 进行项目研究

实验准备:剪刀、胶带、卡纸、一次性纸杯、胡萝卜若干等。

动手把卡纸分别制作成以下形状:(1) 剪成一段纸条;(2) 两段纸条粘在一起;(3) 把卡纸折和粘成中空的扁平状;(4) 把卡纸折成波浪状。

实验过程:把不同形状的卡纸架在两个一次性纸杯之间,变成不同形状的桥，然后往上面放胡萝卜块，看看在不同形状下，纸张分别能承受多少块胡萝卜？

实验结果：普通的一段纸条，只能放一块胡萝卜，而且还只能是小块的，否则立马就塌掉；两段纸条粘在一起成了拱桥，可以放的胡萝卜数量多了一点，不过还是不够多；中空扁平状的，可以放好多层；波浪状的，放的数量最多！

3. 获取研究结论

物体能承受的重量不仅与物体的材质、重量有关，还和形状有关。波浪形的纸桥能承受比较大的重量是因为波浪形由很多三角形组成，而三角形是最能承受重量的结构。

又如围绕《圆的周长》开展"测量成捆电线长度"项目研究活动，围绕《圆的面积》开展"测算碗口的面积"项目研究活动，围绕《立体图形认识》开展"成长留念——模型制作"项目研究活动等。

现行苏教版教材也编排有很多应用知识的综合实践活动，例如《多彩的"分数条"》《运动与身体变化》《树叶中的比》等，它们都可以被视作研究项目。

（2）设计课堂之外的研究项目

我们还应该多设计一些可以让学生走出教室的项目，例如有一位教师用一节课时间让学生完成"用双脚丈量操场的周长"的项目研究的作业——

不是上数学课吗？教室里居然一个人都没有！往常这时，大家都是在教室里抓耳挠腮、奋笔疾书的啊，今天是怎么回事？

一看黑板，上面写着："课堂作业——用双脚丈量操场的周长。"这算什么作业？体育老师来上数学课啦？

　　我来到操场上，看见大家都低头数着自己走路的步子，还有人拿着尺子量自己一步能走多远。怎么保证自己每一步都走得差不多呢？哎呀，我都不会走路了，怎么办？

　　天气晴朗，微风温柔。这操场我们不知走了多少回，每次都是来去匆匆，但现在不行，走快了就没办法好好丈量了。

　　怎么保证自己的步数是准确的呢？走着走着，我灵机一动，拿上纸笔，一边走路一边看两旁的风景，当步数是 50 的倍数时，就记下眼前的景致是什么。一圈走完后，我的笔记本上写满了各种整数步数的地标，再拿步数乘以我每一步的长度，就是学校操场的周长了。

　　坐在操场上，看看我的记录，再看看学校的风景，我突然觉得跟学校亲近了许多，也开始理解老师布置这项作业的用意了——这绝不是单纯的数学作业！

　　交作业的时候，我在旁边写了一行字：数字是真的，我在丈量的途中看到的风景也是真的。

　　在生活中，事事皆可设计成研究之事，处处皆可设计成研究之地。又如一位教师设计了以"巧铺老师家的客厅地砖"为主题的研究项目，学生的研究经历了六个阶段：1. 参观老师家的客厅，并进行实地测量；2. 确定"巧铺地砖"的研究主题；3. 通过调查访问，了解地砖的规格和单价；4. 整理数据，实际操作设计；5. 讨论交流；6. 撰写结论，表述成果。再如围绕《观察物体》开展"小小摄影师"项目研究活动，围绕《方向与位置》开展"走进花卉大观园"项目研究活动。

　　这样的项目研究，在时间安排上可以更自由，在内容选择上可以更开放。日本从 20 世纪 40 年代就有的旨在加强儿童思考能力的"自由研究"暑假作业值得我们借鉴，其类型分为科学实验型、社会调查型、环境观测型、美工劳作型。日本插画家佐藤明日香就做了一件"不务正业"的事情——"自由研究"了"一支中性笔能画多少个笑脸"。最终研究结果是一支笔芯可以画29249个笑脸。由此，我们可以设计后续研究项目——"一支中性笔可以写多少个简体字"。

如果我们的学生具备了这种"自由研究"的意识，也就拥有了一双数学的眼睛，就会发现生活中处处有学问、处处可研究。例如一位学生就在平常居家生活中发现了可研究的项目，有了不平常的思考——

称出卷筒纸的张数

无锡市柏庄实验小学四（8）班　茹祺

一天，我洗过手，习惯性地去拿抽纸擦手，发现桌上的抽纸用完了。我就到我们家专门放卫生用品的柜子里去拿，打开柜子一看，卫生纸的品种好多啊！有抽纸、卷纸、平板纸等等。出于好奇，我看了一下这些卫生纸的包装，发现每个品种的卫生纸都有标注，抽纸和平板纸标注的是大小和张数，而卷筒纸标注的是大小和重量。这时我产生了许多疑问：为什么卷筒纸不标注张数呢？那要怎样才能知道一卷卷筒纸大约有多少张呢？

我打电话向舅舅求助，有没有什么方法可以计算出来。舅舅说："当然有啊！"他神秘地告诉我，有两种方法，一种是称，一种是量。还能称出卷筒纸的张数？我带着好奇心按照舅舅教我的方法做了实验：

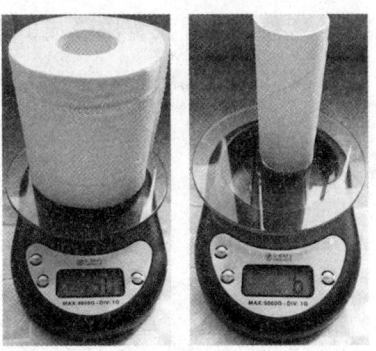

图6

一卷家用卷筒纸外包装上标的重量为150g，拿出一卷已用完的卷筒纸，称量出筒心重量是6g，

这样可以计算出一卷家用卷筒纸的净重为：150−6＝144（g）。（如图6）

由于一张纸的重量太轻，无法称出重量，于是撕下10张纸，称出10张纸的重量约为7克，这样可以计算出一张纸的重量约为：7÷10＝0.7（g）。（如图7）

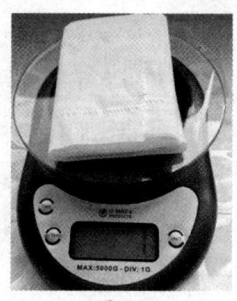

图7

知道了一卷家用卷筒纸的净重和一张卷筒纸的重量就可以算出一卷家用卷筒纸的张数约为：144÷0.7≈206（张）。

我迫不及待地问舅舅第二种方法是什么。舅舅说，第二种方法要用到圆周率的知识，你们还没有学，等过几年再说。看来我只能放弃了。

通过称重就可以知道一卷家用卷筒纸有多少张，数学真的好神奇！我把这个发现告诉了徐老师，徐老师表扬了我，还告诉我如果可以多试几次，结果会更精确，另外这种称重的方法还可以用来测算地图的面积。数学在生活中的应用真广泛，我一定要好好学习。

（指导老师：徐科磊）

这种在学校教育中养成的自由研究的习惯有助于学生真正成为"知识分子"，正如周国平在《剩下的才是教育》一文中所言："唯有真正品尝到了智力活动的快乐，从此养成了智力活动的习惯，不管今后从事什么职业，再也改不掉学习、思考、研究的习惯了，这样一个人，我们方可承认他是一个知识分子。我如此定义知识分子：一个热爱智力生活的人，一个智力活动几乎成了本能的人。这个意义上的知识分子与文凭和职业无关。据我所见，各个领域里的有作为者，都一定是自觉的终身学习者和思考者。"

三、设计好融合知识的研究项目

在《中国学生发展核心素养》中所讲的"素养"并不是一个普通的概念。美国曾对 1311 位科学家进行了为期 5 年的追踪调查，从他们所获得的事业成就特别是创新成果来衡量，得出学历和经历丰富的"通才"往往容易取得更大成就的结论。这里的"通才"不应该仅仅理解为知识面的宽广，更包括人的综合素养。

提升认知深度，不是仅仅学习专业领域知识就可以，相反，要多元跨界。项目研究具有综合性，往往会融合一门学科的多个知识，也会融合多门学科的不同知识。

1. 用项目打通边界

（1）打通单元知识的边界

首先，我们可以设计一些能够打通数学学科中不同领域知识边界的项目。

例如低年级学生学习了《角的认识》之后，教师可以设计这样的项目："阿拉伯数字为什么长成现在这样呢?"这一任务可以激发学生的好奇心。教师可以先做一些提示（如图 8），然后吸引学生去研究其余的阿拉伯数字（如图 9），相信最后学生一定会有一种惊讶的感觉。这一富有趣味的、独特的项目研究，在练习角的认识的同时打通了数与形的边界。

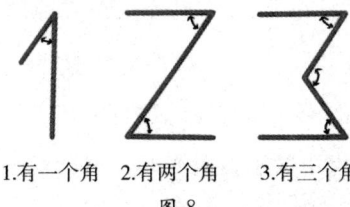

1.有一个角　2.有两个角　3.有三个角

图 8

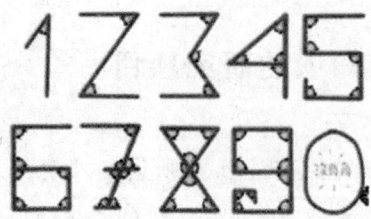

图 9

（2）打通学科知识的边界

其次，我们还可以设计一些能够打通不同学科知识边界的项目。《新媒体联盟地平线报告》（2015 基础教育版）中指出，当前基础教育的技术应用有六大趋势，其中之一是设计跨学科的学习项目，开展基于项目的学习，突破传统课堂教学的限制，让学生自如地从一个学习活动转向另一个学习活动。

肖川在《唤醒教师课程意识》一文中指出，分科教学模式，适宜于学科知识的高效、系统掌握，但也存在学科壁垒森严、与学生真实的生活场景不符的弊端。真实的生活场景涉及的知识是融合的，需要学生能够"自如地从一个学习活动转向另一个学习活动"。项目研究很多时候需要打通学科之间的边界，促进知识之间的融通，变原本孤立的、碎片化的、僵化的知识为分享的、综合的、灵活的知识。

例如苏教版数学六年级上册"综合与实践"《树叶中的比》，我们先布置课前观察树叶和查阅资料的任务，虽然学生查到的基本上都是一些关于树的生长年限、适应气候、药用价值等方面的知识，大都与数学无关，但增加了学生的认识。由此，我们对教材进行了改造，把直接研究"树叶中的比"用"制作树叶标牌"的项目化任务进行包装，赋予知识实际的"用处"，驱动学生用数学的眼光观察树叶——用数学的方式来介绍不同的树叶。（详见第三章《做成项目，给综合实践活动装上"引擎"》一文）当然，我们还可以跨界到美术——创作树叶画（如图 10）或欣赏树叶画（如图 11），给学生美的享受。

图 10

图 11

又如撰写调查报告。原苏教版语文六年级下册教材中有此习作任务，而数学教材上有相关的统计图表知识。对此，我们可以采用"T－T制"（Team－Teaching），促成数学教师和语文教师的合作，设计"学生吃零食调查"的研究项目，让学生看到调查报告和统计图表的用法，而语文中调查报告的写法和数学中统计图表的看法则成了其中的技能要求。

再如苏教版二年级下册数学教材中有《认识方向》一课，可以发现与这一知识有关的内容在原苏教版语文教材中更多，如下表所列：

教材	内容	能力目标
一上	练习 3 "学用字词句"	1. 正确流利地朗读"认识方向"的儿歌。 2. 利用太阳辨别方向。
四上	第 5 课《天安门广场》	1. 认识简单的示意图。 2. 根据文字描述，在示意图上标出天安门广场上相应的建筑物。
	练习 2 "处处留心"	1. 能清晰介绍自己的家庭住址。 2. 画出家的示意图。
六上	第 23 课《大自然的文字》	1. 认识并了解一些星座。 2. 利用北极星辨别方向。

（续表）

教材	内容	能力目标
六下	第4课《游金华的双龙洞》	1. 知道作者的游览顺序。 2. 根据作者描述，画一幅金华双龙洞的景点游览图。
	练习1"我来当导游"	1. 会辨别方向。 2. 会读导览图。 3. 会设计合理的游览线路。 4. 自己绘制简单的导览图。

除了语文教材，苏教版科学教材上也有很多相关内容，例如三年级下册的《风的方向》、五年级上册的《太阳和影子》等，而"绘制导览图"还与美术课有关。鉴于此，我们可以把数学中《认识方向》以及之后的《确定位置》等课与语文、科学、美术等教材统整起来，设计一个诸如"实地绘制导览图"的综合项目活动。这样的学科融合可以使知识融通，提高学习效率。

科学教材与数学教材的融合有着很大的开发前景，又如科学四年级下册的《物体运动》中的"运动的方式、运动的快慢"可以与数学三年级上册的《平移、旋转》和四年级下册的《常见的数量关系》中的"速度、时间、路程"等知识整合，科学五年级下册的《神奇的机械》中的"斜坡的启示"可以与数学四年级上册的综合实践《怎样滚得远》整合，科学五年级下册的《形状与结构》中的"搭支架"可以与数学四年级下册的《三角形的稳定性》整合……

（3）打通学段知识的边界

融合性项目研究任务，涉及的知识可能还会跨出小学阶段的学科范围。例如隆亭实验小学吕丹萍老师设计的"为什么常见的杯子是圆柱体的？"这一研究项目，学生给出的研究结果就不限于数学知识，还涉及物理学、美学等领域的知识——

1. 使用方面，圆柱体杯子拿起来顺手一些，长方体的杯子拿起来觉得不顺，这种感觉和我们握笔的感觉相同。在我们写研究计划的时候，天天是记录员，我们发现她写得特别慢，问她为什么，她说今天这支笔怪怪的，握起来很不顺。我们观察了那支笔，原来那笔握笔的地方有棱角，和我们平时用的笔不同。天天这才恍然大悟："原来是因为这笔下面不是圆柱形的，当初我看到它下面有棱角，觉得特别有个性，好奇才买的，原来好看不中用啊！"

2. 通过上网查阅发现：圆柱体的弧面在手抓住时与手的接触面积较大，所以摩擦力会更大，更易于我们使用，不易滑落。在使用有棱角的杯子时人体易被棱角划伤，特别是嘴唇这样脆弱的地方，所以杯子有棱角是一大麻烦。圆柱体没有棱角，而且圆柱体的弧面和底部的圆形对力都有发散的作用，这就让圆柱体的坚硬度增强，不易损坏。喝水时，杯沿与嘴唇的接触处如果是圆形，杯子会与嘴唇更好地贴合，增加嘴唇的舒适度，而且水会轻易地进入嘴中；如果是长方体，水会从一个平面流下，而嘴只能接住中间的一部分，这样就会有一部分水通过嘴唇与棱角之间的空隙流出来，很不方便。

3. 安全方面，我们拿同是塑料做的圆柱杯子和长方体杯子做实验，把它们从同样的高度、用同样的力摔在地上，会发现圆柱体的完好无损，而长方体的有裂痕。我们向科学老师请教其中的道理。他告诉我们：圆柱体表面光滑，掉在地上时力不会集中到一点，而有棱的柱体就不一样了。

4. 美观方面，圆柱体的杯子看起来更漂亮，我们收集了一些漂亮的圆杯子。

5. 在所有的立体图形中，在容积相同的情况下，圆柱体的表面积最小，也就是说虽然使用了较少的材料，容积却不小，是省材的首选。在如今这个物品讲究批量生产的社会，这么做既减少生产成本，也符合低碳环保的要求。

我们还可以以"活动节"或"活动周"的形式进行。这样一来，不仅研究内容和研究方式更加广泛，而且在参与学科和参与人员上更加广泛。

例如北京亦庄实验小学设计了全学科参与以"帽子"为主题的项目学习，统整于"帽子周"活动中。语文方面，搜集与帽子有关的成语，读《帽子魔法师》；数学方面，研究帽子形状，计算面积；科学方面，制作帽子；美术方面，研究各民族帽子造型，画帽子；音乐方面，学唱墨西哥《帽子歌》；舞蹈方面，跳《帽子舞》。最后，在星期五，全校师生都戴着自己制作的帽子到学校举行一场欢乐帽子大联欢。

2. 用项目走出边界

《2017地平线报告》梳理出的六项基础教育的发展动向中提到开展实景体验学习。项目研究常常是情景化学习，追求实景体验，很多时候的设计融合了社会、自我、自然三个维度，所以，它能够有效帮助学生走出书本的边界，走向生活，走出教室的边界，走向社会，变原来的"教材是我们的世界"为现在的"世界是我们的教材"。此时，传统的课前、课中、课后的顺序已经被打破，课内、课外的边界变模糊，"去中心化"的结果，是让学生个体成为有主体价值的"自由研究者"。它打破了以"教师、教室、教材"为中心的传统教学模式，尊重学生的兴趣，真正地实现了以学习者为中心。

（1）促成"PTA联合体"

现代心理学研究发现，知识并非完全以抽象概念的形式存在于大脑中，知识储存于人类的身心体验中。也就是说，学生的学习还需要在实践中感知和内化知识。学生需要理解世界万事万物的相互关联，这为未来学校强化实践教育提供了认知科学的理论基础。

　　例如暑假学生经常跟着父母出去旅游，以前，做攻略都是父母的事情，当学生具备一定的知识后，我们就可以设计"制订旅游计划"的项目任务，指导学生通过携程旅行、同程旅游等网站或 App 了解机票、住宿费用，通过面包旅行、马蜂窝自由行等网站或 App 了解当地的旅游景点、风俗民情，通过百度地图等搜索并确定合理的路线，进而制订出详细的自由行方案，预算大致费用，并让他们尝试着网上订票、订酒店。如此项目研究，不仅让学生运用了所学的数学知识，而且运用了历史、地理以及网络等知识，提高了学生的生活能力。

　　法国巴黎第十大学社会学教授让·波德里亚说："没有哪种幸福可以胜过旅行的自由。因为仅仅活着是不够的，还应当穿越生活。"同理，学生的学习也应"穿越生活"，在旅途中学习，只要我们留心，处处有教育资源可以用来设计项目活动。

　　这可以是有主题有计划的游学，例如"跟着人民币去旅行"：1 元杭州西湖，5 元泰安泰山，10 元宜昌三峡，20 元桂林漓江，50 元拉萨布达拉宫，100 元北京人民大会堂。

　　也可以在旅游中随机生成学习，例如有一位家长暑假带着上小学的儿子去杭州游玩，发现"西湖天下景"亭亭柱上悬有一副楹联：山山水水处处明明秀秀；晴晴雨雨时时好好奇奇。儿子对其中的叠字感到惊奇，家长趁机讲解这种重叠手法，帮助孩子理解中华优秀传统文化，然后让孩子寻找语文中的这种重叠现象，并拓展数学中的重叠现象——"$3 \times 4 = 12$；$33 \times 34 = 1122$；$333 \times 334 = 111222$；$3333 \times 3334 = 11112222$；……"有意思的是，这副叠字联也是回文对，反过来读同样流畅自然："秀秀明明处处水水山山；奇奇好好时时雨雨晴晴。"在孩子意犹未尽之时，这位家长转而讲解这种回文手法所呈现的对称美，然后给孩子布置"寻找生活中的对称美"的研究项目。结果孩子不仅找到了语文中许多的回文诗，还找到了数学中的"$1^2 = 1$；$11^2 = 121$；$111^2 = 12321$；1111^2

＝1234321；……"进而又找到了"21×36＝63×12；32×46＝64×23；62×39＝93×26；……"等算式，发现当算式中的两个两位数个位上的数相乘的结果等于十位上的数相乘的结果时，等式才成立。此外，他还找到了美术中对称的图案、生活中对称的建筑……

在此，学校教育与家庭教育不再各自为界，得到了融合，我们不妨组建父母教师协会（Parent－Teacher Association，简称 PTA），来共同设计、组织和支持孩子开展更大范围的项目研究。

例如除了"妈妈有多少根头发？"的项目，柏庄实验小学的郑静老师还设计了"一根头发的力量"的项目，下面是学生的一份数学研究报告——

一、任务缘起

同学的疑惑："一根那么细的头发当然只能吊起几克或十几克的物品，想想就知道了，我们老师还让我们做实验说明，真是奇怪。"

老师的回答："要用事实来证明，不能只是猜测。"

二、研究过程

我先分别拿了一根妈妈的、姐姐的还有我自己的头发放在桌子上，再拿出大约重 10 克、65 克、100 克、150 克、240 克、300 克等的东西开始做实验：我先用姐姐的头发吊重 10 克的物品，很容易就吊起来了，接着吊重 100 克的物品，我本来以为头发会立即断掉，可是出乎我意料的是，姐姐的头发牢牢地把它吊起来了，我还开心地晃了两圈，还是没有断，真是好神奇啊！于是我又吊了重 240 克的物品，心想这次头发一定会"粉身碎骨"了，可是结果让我大吃一惊，仍然吊了起来。真没有想到一根头发的力量这么大！我想看看我的头发怎么样，就吊了重 150 克的物品，也吊了起来，但是吊重 240 克的物品的时候我的头发断了。这是怎么回事？我又用妈妈的头发吊重 100 克的物品，我认为一定能吊起来，可是妈妈的头发很容易就断掉了。为什么会这样呢？

我突然想到上网求助，便上网查找有关资料。哦！原来头发是由一种超乎寻常的材料构成的，其内部构造相当惊人，许多化学纤维都是参考头发结构制成的。头发有很强的张力与韧性，但经过卷、烫后的头发受力变差，这也就是妈妈的头发这么脆弱的原因。

三、研究结果

数据说明：一根头发能吊起 40—270 克的物品，那么，一个人的所有头发差不多能吊起 6 吨的物品，相当于吊起一头成年亚洲象，真是太惊人了！

（2）促成"FSC 联合体"

知识是没有边界的，学习也是没有边界的，生活是大课堂，社会是大项目。现在有许多社区公益机构面向学校开发了社会实践课程，所以，除了成立 PTA 联合会，我们还可以成立更大范围的 FSC 联合会（F—family，S—school，C—community）。

例如"水地图"是根与芽环境教育项目中的一项，意在提高青少年对湿地生态环境的认识，了解并发掘湿地和人们生活的关系。我们可以以此设计项目研究，让学生在调查、采访、摄影、阅读、制作等活动中，将观察记录以"水地图"的形式展现出来。这样的项目研究不仅具有学习意义，而且具有生活意义、社会意义，有助于学生从"书本人"走向"社会人"。

项目研究不仅可以使所学知识在实景中得到很好的应用，有时候还能让学生获得一些生存技能。例如我们可能会遇到这样的情形：走在陌生的地方，迷失了方向，又找不到人问路，想用手机导航吧，手机又不争气，没电了，还没带指南针，此时，怎么办？我们可以用手表！虽然手表不是指南针，但我们可以像野外探险者一样，用它确定大致的方向——

　　用手表找方向的口诀简单又好记："时数折半对太阳，12 指的是北方。"把手表摘下来，放到水平位置，看看现在的时间，按照 24 小时制的时间除以 2。比如，现在是 14 点 30 分，除以 2 就是 7 点 15 分，将 7 点 15 分的方向对准太阳，12 点钟的方向就是北方。

　　用手表测方向的原理是什么呢？我们知道中国古代有一种计时工具日晷。日晷由晷针和带刻度的晷面组成，在阳光下，晷针在晷面上会出现投影，这个投影指向哪个刻度，就是什么时间。用手表来测方向的原理和日晷的工作原理正好相反，它是利用时间和太阳来测定方向的。

　　地球每天自西向东自转一周，所以从地球上观察，太阳每天早上从东方升起，晚上从西方落下。因为这种现象是地球自转造成的视觉效果，所以天文学上把太阳的这种运动叫作周日视运动。太阳运动的路径可以看作一个巨大的表盘，时针所指的方向就是太阳所在的位置。人们所戴的手表就可以看成是这个巨大的天然时钟的"迷你版"。只不过地球 24 小时自转 360°，一小时转 15°，而手表上的指针每天旋转 720°，每小时旋转 30°，所以我们用手表和太阳测方向时，需要先把时间换算成 24 小时制，然后再除以 2。

如果把上述生存技能开发成项目研究，所涉及的知识不仅包括数学，还涉及天文学。通过这样的项目研究，学生不仅学到了知识，还学到了本领。

（3）促成"PYP 联合体"

知识融合、项目融合的更高形态是课程融合，此时，数学只是其中的一个方面或一个层面。在课程融合上，我们可以借鉴国际文凭组织为 3~12 岁学生设计的 PYP（Primary Years Program）课程（PYP 的六组学科领域：语言、人文、个人/社会/健身教育、数学、艺术、科学技术）以及当下流行的 STEM 课程（STEM 指科学、技术、工程、数学）。STEM 的教学理念是引导学生融合多领域的知识与技能去解决现实世界的问题，积极为学生建构一条"学习者中心，为融合取向"的"4D"学习路径，即"发现问题 Discover—设计解决方法 Design—利用科学技术和数学知识实施解决方法 Do—将解决方法进行传达 Deliver"，促进学生的认知发展。

学校和社会不仅是一个物理空间，也是一个文化空间、心理空间，我们应该打通它们之间的壁垒。从数学出发走出边界，不仅可以走进现实世界，还可以走进心理世界。因为现实世界中的很多社会现象，不仅涉及数学知识，往往还涉及心理学知识。

例如我们可以引导学生去发现和研究"为什么豪华汽车的型号为 180、200、400，而不是奇数呢？"这里面就涉及心理学知识：整数 10 让人感到平衡、安全，回到了常态。对于日常用品来说，可分的数字比不可分的数字更有吸引力。一种洗发水的型号如果是 24 会比是 31 好卖，因为人们从上小学起就对 24 更加熟悉，而 31 是一个质数，不在乘法表中。一看到 24、36 这样的数字，我们潜意识中会想到它们是 4 和 6、6 和 6 的乘积，这会让我们感觉很舒服，我们会错误地以为是那种产品给我们带来了这种舒适感。

可以说，心理学中的数学在生活中经常能够遇见，设计这样的项目研究任务，不仅可以让学生巩固数学知识，还可以让他们领略一些心理学知识，学到一些生活知识。例如"当你拥有一件物品之后，你对这件物品的评价会高于你没有拥有它时"，这是 2017 年诺贝尔经济学奖得主理查德·塞勒教授的"禀赋效应"理论。想要理解"禀赋效应"，得先了解"行为经济学"中另一个更基本的概念"损失厌恶"——

假设你今天早上出门上班时的"心情满意值"是 100，忽然，你捡到一个大皮夹子，里面有 100 元钱，"心情满意值"迅速上升 50%，达到 150。可是乐极生悲，你迟到了，扣工资 100 元，"心情满意值"下降 50%，变成 75。一得一失，钱没有任何变化，但"心情满意值"却从 100 变成 75。

有人会说，这个计算有问题，为什么"心情满意值"不是加减某一个值呢，如果那样算，"得而复失"就没有任何变化了。这就问到点子上了。

好比同样是捡到 100 元，一个百万富翁和一个乞丐的感觉完全不同，我们拥有的东西是我们价值判断的起点。所以"心情满意值"的变化不是加减某一个值，而是乘除一个比例。就像我们拿 1 万元炒股，亏损 10%，再盈利 10%，就变成了 9900（反过来也是一样），凭空少了 100 元。

上面的例子证明了"投资决策心理"中最重要的理论之一——"损失厌恶"：得到一样东西的快乐，通常小于失去一样东西的痛苦，所以我们不喜欢冒险，宁愿放弃可能得到的快乐去维持现状，也不愿承受失去的痛苦。

上面对"禀赋效应"理论中"损失厌恶"概念的讲解，就涉及百分数的计算问题，这样的题目小学六年级学生经常做。不过，在这样一个包含有心理学知识的项目研究中"混合学习"，与单纯地解答一道数学练习题相比，无疑前者更有意思也更有意义。如此，我们设计的任务或许会产生大脑、心理、经验和环境四个维度的"混合动力"来强劲地驱动学生的学习。

　　项目研究有助于开拓学科教学的全纳视野，实现学生的全息学习，最终指向全人发展。全纳视野是指学习无处不在（主要指超越课堂的泛在学习，如社区学习）、无时不在（主要指超越现实的虚拟学习，如互联网学习）、无人不在（主要指超越专业教师的学伴、家长、社区人员等的多哺学习）。如此全纳视野的学习，有助于将学生"对知识的掌握"提升为"对世界的认识"，进而更有效地实现"教学生认识世界"的目标。

　　项目研究，特别是一些宽主题、跨学科的项目研究，学生需要花费很多时间，但不是浪费时间，卢梭曾经说过，最重要的教育原则不是爱惜时间，而是浪费时间。同样，"慢"教育需要这样的时间"浪费"。

材料分析：
培养学生的阅读理解力

阅读是人类社会生活的一项重要活动，也是学生学习的一项重要任务。人们一般认为，阅读理解能力是语文学习不可或缺的素质，数学只要记住公式、定理、法则就行了。

其实，在数学学习中，学生的阅读理解力也是一项很重要的素质。从小处看，教材内容要阅读，特别是自学的时候对阅读的要求更高，除此，解题的时候要通过阅读正确地理解问题。从大处看，学生的数学阅读任务不仅仅局限于这些显而易见的数学材料，很多时候是一些表面看起来似乎与数学无关的材料，但在理解的时候需要用到数学知识去解释或需要采用数学的方式去解决。可以说，大千世界中许多材料都隐含着数学知识或数学的应用，而要从这些隐性材料中读出数学，不仅需要学生的数学阅读能力，更需要学生具有数学解读能力。

一、提供内含数学的材料，引导学生进行"数学阅读"

作家石康说，高质量的阅读与随便看看完全是两回事，尽管外表看来那么相像——集中注意力是天下最难的事情，因它几乎涉及世上所有最难的事情。同样，"数学阅读"也必须是"高质量的阅读"。意大利学者艾柯认为不会阅读的人好像得了动脉硬化，所以，数学教师需要指导学生学会如何进行"数学阅读"。

1. 读好数学课内读物

（1）引导学生读好数学教科书

小学数学中有着大量的文本资料，如情境设置中的对话、概念定义、公式法则、应用类问题等，在学习时需要学生通过阅读来理解它们的意思，实现文本语言与数学语言的相互转化。

不可否认的是，相对于文学作品，数学教科书缺少"故事"，学生缺乏自主阅读的兴致，例如开学之初很少出现学生像刚拿到语文教科书那样迫不及待阅读数学教科书的景象。不过，我们可以让数学教科书有可能的"故事"，这样的故事如果具有现实意义，那就更能引起学生的兴趣。

例如《三角形的认识》一课，港下实验小学周淳老师用三角形的实际应用"埃菲尔铁塔为什么会屹立不倒"来引入新课。可以说，这样"有故事"的生活问题要比单纯的数学问题更加吸引人——

> 法国著名的埃菲尔铁塔建成于 1889 年，塔高 300 米，天线高 24 米，总高 324 米，铁塔的钢铁构件有 18038 个，重达 10000 吨，施工时共钻孔 700 万个，使用 1.2 万个金属部件，用铆钉 250 万个。除了四个脚是用钢筋水泥之外，全身都用钢铁构成，共用去熟铁 7300 吨。但奇妙的是这么多的钢铁材料最终建成的却是一个由 158453 个三角形组成的"金属骨架"。
>
> 根据以上资料，你能找到埃菲尔铁塔百年来屹立不倒的原因吗？
>
> 学生很容易联想到这和铁塔的结构有关，而组成铁塔的主要结构都是三角形，因此学生就提出三角形结构相对比较牢固的推论。老师继续追问："相对？你是和什么做比较得出的？"学生就提出，例如四边形、五边形可能就不行。于是老师给学生提供学具小棒，

小棒的端点处有圆柱形连接结构，学生可以根据自己的推论拼接需要的平面图形。首先是三角形，学生用三根小棒拼成的三角形，除非在小棒中间用力掰断，不然很难破坏其外形。用四根、五根小棒首尾相接拼成的图形则很容易变形。塑料三角形都难以变形，钢铁的就更牢固了。通过实验，学生对三角形的稳定性有了初步的认识，接下来就可以进一步展开三角形的学习了。

任务驱动学习中，我们应该多增加一些像"埃菲尔铁塔为什么会屹立不倒"这种包含着"为什么"的阅读材料，因为分析这样的材料不仅有助于学生成为一个"X 型阅读人"，更有助于学生成为一个"Y 型阅读人"。X 型阅读人找的是知识，而 Y 型阅读人找的是规律。就阅读来说，一个人必然先从 X 型阅读人开始，但累积到某个程度之后，就有机会往 Y 型阅读人迈进。当我们了解了更多事物的规律，就更能做一个明白人和一个有高度的人。

这样"有故事"的材料，除了可以作为知识的导入，还可以作为知识的补充。例如《奇数和偶数》一课可以补充一个关于毕达哥拉斯的故事——

从古希腊起，奇数就比偶数更招人喜爱。公元前 6 世纪的希腊哲学家毕达哥拉斯说，奇数阳刚（代表男性），偶数阴柔（代表女性）。他说，奇数拒绝被一分为二，说明它强大；偶数能被平分，说明它很脆弱。他进一步论证说，奇数是偶数的主人，因为当你给偶数加上一个奇数时，结果还是一个奇数。毕达哥拉斯关于奇数的思想一直延续至今。神秘数字往往都是奇数，如神奇的 3、幸运的 7 和不幸的 13。

《数学课程标准》中明确指出："教师必须注意指导学生认真阅读课文。"如果学生也能够在上课之前主动阅读数学教科书，那我们的教学不仅可以省事很多，同时还能很好地培养学生的自学能力。对此，除了故事我们还可以通过提供其他有吸引力的、内含数学的材料，来吸引学生主动阅读数学教科书。

我们可以提供娱乐材料，引导学生进行"数学阅读"。西奥妮·帕帕斯说："数学三剑客为逻辑、娱乐和游戏。"例如在教学"确定位置"时，教师可以提供如下娱乐材料，引导学生阅读后思考"这位很帅的人是谁?"——

我们班有一个男生在桌子上写道："我前面的前面的前面的左边的后面的右边的后面的后面那个人真的很帅!"

我们也可以提供学具材料，引导学生进行"数学阅读"。数学器具是工具，但更应该是学具，高明的教师善于把工具变成学具——变成发动学生自学的工具。例如教师让学生早早购买量角器，面对放在文具盒中的量角器，学生会自发琢磨它的用途，虽然可以从名称上猜出它是用来量角的，但如何量角是困惑学生的难题，于是一些学生就会自己去预习教科书中的相关内容。

（2）引导学生读好数学历史书

近年，HPM（History and Pedagogy of Mathematics，数学史与数学教学）受到了较多关注，数学史被越来越多地运用于课堂教学实践。在任务驱动学习中，设计一些数学史的阅读任务，不仅可以让学生追溯数学内容、思想和方法的演变、发展过程，而且还能让学生探索影响这种过程的各种因素，以及历史上数学的发展给人类文明带来的影响。

数学史的阅读有助于开阔学生的数学视野，因为数学史的研究对象不仅包括具体的数学内容，而且涉及历史学、哲学、文化学、宗教等社会科学与人文科学内容，是一门交叉性学科。另外，我们还可以让学生阅读一些数学家的事迹材料，激发学生热爱数学的情感。

（3）引导学生读好数学故事书

其实，数学也可以编成故事，这样的数学故事书很多，例如游一行、侯伟宁编著的《数学故事》，该书紧密联系现实生活，以数学课本内容为依据，贯彻新课程的标准理念，从数字、运算、计量、代数、几何、统计与概率、逻辑推理等方面讲述了一个个精彩的小故事。

实际上，我们还可以用阅读引导阅读，也就是用故事阅读来引导学生进行课本阅读。例如下面这个故事可以引导学生阅读教材中"3 的乘法口诀"的相关内容——

国学大师辜鸿铭时常妙语连珠，达到了嬉笑怒骂皆文章的地步。

19 世纪末，日本首相伊藤博文访华，点名要见辜鸿铭。会晤中，伊藤博文对孔孟学说很是不屑，对辜鸿铭讥诮道："先生曾留学欧美，精通西学，难道就不明白孔孟之教能行于数千年前，但是不能行于当今吗？"

辜鸿铭淡然一笑，随即正色道："孔孟的思想好比数学里面的加减乘除，几千年前是三三得九，几千年后仍然是三三得九，难道还会变成三三得八？贵国如果没有孔孟之教，哪里会有今天？"

伊藤博文张口结舌，不知该怎样应对。辜鸿铭接着道："不过到了今天，形势确有变化之处，我们中国人向洋人借款，三三得九却常常变成了三三得七，到了还钱时，中国人连本带利还了三三得十一，此种算法，让我倒是感觉有些落伍了呢。"

上述文字材料中，用故事包裹的知识不再是死的知识，学生不仅看到了"三三得九"等数学知识，还有错例"三三得八""三三得七""三三得十一"等，而且看到了辜鸿铭用"三三得九"等数学知识来数落伊藤博文的语言技巧，不仅将西方列强欺负中国的事实巧妙讲了出来，也驳斥了伊藤博文污蔑孔孟学说的企图，使之张口结舌。学生读完材料，不仅长了知识，还长了志气。

而下面的故事阅读，不仅有助于学生巩固乘法口诀"三七二十一"和"三八二十四"，而且还可以启发学生注意不要浪费精力——

在古代，有两个人大吵一天，一人说三八二十四，一人说三八二十一。相争不下，告到县官堂上。县官听罢说："把三八二十四的拖出去打二十板。"被打者不满：明明是他蠢，为何打我？县官答：跟三八二十一的人能吵一天，不打你打谁？

如此"数学阅读"任务，有助于我们重新认识"知识"的含义："知识"一词拆解开来，一部分是"知"，就是信息、数据、常识，它可以储存传递；另一部分是"识"，就是在信息基础上形成的一种识见、一种智慧、一种觉悟。我们经常说"知识觉悟"，我认为，能让人有觉悟的知识才是真正的知识。真正的知识不仅有工具性价值，还应该有真理性价值。知识如果不能进入周转，带来思考，给人启迪，提高人的认知能力，它就是死的。

有些内含数学的故事材料还可以用作数学练习材料，例如《粟裕：打仗就是数学》的故事——

1940 年的黄桥决战，熟谙各种行军作战数据的粟裕，做了一番计算：故军采用一路纵队行进，如果两人之间的距离为 1.5 米，全部三千多人的队形，将是长达四五公里的一字长蛇阵。从出发地高桥到黄桥约有 7.5 公里，当其先头部队尚距黄桥 2.5 公里时，后尾必然已过高桥，完全进入了我军设伏地段。粟裕认为，此时是我军最佳出击时机，正好可将来敌拦腰斩断。粟裕决定采取"黄鼠狼吃蛇"的战法，多路突击，将敌分割包围。

对上述材料，我们可以把"当其先头部队尚距黄桥 2.5 公里时，后尾必然已过高桥"改成问题"当其先头部队尚距黄桥多少公里时，后尾必然已过高桥？"让学生解答。做这样有"故事"的练习，不仅练了数学，还知道了数学的实际用处，更领略了粟裕的神机妙算。

2. 读好数学课外读物

"数学课外"，一是指"数学"课外——数学之外的其他学科，也就是说，数学阅读应该融合其他学科；二是指"数学课"外——数学课堂之外的学生生活，也就是说，数学阅读应该融入学生生活。如此有着其他学科气息和生活气息的材料，学生会更喜欢阅读。

有人说得好："身处'书巢'之中，最坏的结果是作茧自缚，读成了一个书呆子，自己躲在茧里面，与外面的世界隔绝。但如果读书读通了，就会化蛹成蝶，破茧而出，长出翅膀，变得更加美丽性感，更加自在、自信地面对这个世界。"学生不能只是阅读教科书和解读"题"材，而应该走出课本，能够自在地阅读现实世界这本书，并能够自信地解读现实世界中各种材料。

（1）阅读自然科学中的数学

现实世界的许多现象与数学有关，甚至连一些动物和植物都"懂"数学，如果教师让学生阅读这样的材料，学生会有一种惊奇感。例如研究人员做的这个实验——

有三个"小房子"，每个小房子可以住下 40 只蟑螂。研究人员抓来 50 只蟑螂，很快，50 只蟑螂平均分成了两部分，每部分 25 只，分别入住到两个小房子中，剩下一个空房子。为了进一步研究，第二次放置的小房子每个都可以装得下 50 只以上的蟑螂，这回 50 只蟑螂全部入住到一个小房子中，剩下另外两个空房子。

学生读到此处，读到了数学中的平均分知识，同时还会产生"蟑螂为何要这样"的疑问。此时教师可以继续提供以下生物学知识——

从居所到人员数量分配，蟑螂群体努力地维持着资源配置的平衡。在群体生活中，蟑螂个体能够获得更多的交配机会，更有利于蟑螂的繁殖。在分配的过程中，没有任何的偏向，每一只蟑螂都有平等的机会。因此，对于爱好民主的它们来说，平均分配是最好的选择，不论是否还有其他资源。这种单纯的平等、简易的民主有利于蟑螂群体的生存和发展。

学生在明白其中的道理之后，会进一步思考："如果被研究的蟑螂是 51 只而不是 50 只，蟑螂又会如何分配，那多出来的一只蟑螂会被如何处置？"此时，教师就可以让学生自己去实验探究。

（2）阅读社会科学中的数学

除了阅读自然科学中的数学，我们还可以让学生阅读社会科学中的数学。例如下面这段"文学＋数学"的阅读材料——

社会是一个圆锥，每个人都在圆锥的高上面爬。你和同等水平不同领域的人的距离就是你所处平面圆的半径。只要你的水平更高，你接触别的领域的人的距离就会更短。……

集中精力在圆锥的高上追求高度，比匍匐在一个低层次追求接触面的广度有效果且有效率得多。

上述文字材料中，有着百分数"1‰"，有着图形"圆锥""圆"以及与之相关的"高""半径"，学生要看懂这段文字，除了需要较好的语文理解力，数学理解力也必须强。

又如夏目漱石在《我是猫》中写道，此刻烦躁的心情就像用十除以三得出的结果一样，无穷无尽。要理解这个比喻就需要懂得数学中除法的计算和循环小数知识。

再如我们可以让学生分析词语"'一刹那'与'一瞬间'，哪个时间长一点"：在古代印度《摩诃僧只律》中一刹那为一念，二十念为一瞬；二十瞬为一弹指，二十弹指为一罗预；二十罗预为一须臾，一日一昼为三十须臾。照此计算，一须臾为 48 分钟，一罗预为 114 秒，一弹指为 7.2 秒，一瞬为 0.36 秒，一刹那为 0.018 秒。所以，一刹那最短。

这样的文学材料，除了散文，还可以是小说。例如根据台湾作家林海音同名小说改编的电影《城南旧事》中有一首京味十足的儿歌："虫虫虫虫，飞！虫子，虫子，一大堆！"台湾彰化县的一位中学教师巧妙地将这首儿歌编成了一个等式：虫虫虫虫×飞＝虫子×虫子＋一大堆。这里，每个汉字都代表一个数，不同的汉字所代表的数不同。学生做这道数学题的同时，或许会去看《城南旧事》的电影和小说，如果这样，就把"数学阅读"与语文阅读结合在了一起。

这样的文学材料，除了散文、小说，还可以是诗歌。例如南北朝民歌中有一首《懊侬歌》，表达了作者期盼与心上人相会的迫切心情："江陵去扬州，三千三百里。已行一千三，所有二千在。"我们若把其中的已知条件变成问题，这首民歌就成了一道数学加减应用题。

又如刘半农的现代诗《教我如何不想他》，既被人谱成了歌曲，还被人编成了题目（如图 1）。有趣的是，"教我如何不想他"从左到右，每

次删除一个字后，竟然还能独立成句，这样的数学
题是不是很美？学生或许还会生出"教我如何不想
他"的感触，想读一读刘半农的这首诗歌。

　　甚至具有文艺范的绕口令也能成为数学练习
题："四是四，十是十，四十减十四，再乘四十四，
是一千一百四十四，你说是不是？"这样具有文学
或文艺色彩的数学题，读来是不是很有趣呢？

```
        他
       想他
      不想他
     何不想他
    如何不想他
   我如何不想他
+ )教我如何不想他
  何何何何何何何
```

图 1

　　这样内含数学的生活材料还有很多，甚至国家领导人的发言材料中
也有数学。例如在 2014 年 9 月 21 日召开的庆祝中国人民政治协商会议
成立 65 周年大会上，习近平强调："在中国社会主义制度下，有事好商
量，众人的事情由众人商量，找到全社会意愿和要求的最大公约数，是
人民民主的真谛。"

　　又如有这样的新闻报道："为了实现'两个一百年'奋斗目标，网上
网下要形成同心圆。在 2016 年 4 月 19 日网络安全和信息化工作座谈会
上，习近平用一个圆圈凝聚网络空间的发展共识。每一个圆都有一个圆
心，网络空间这个'同心圆'的圆心是人民的利益，良好的环境是同心
圆的内圈，正确的舆论是同心圆的外圈。"

　　上述材料中，"找到全社会意愿和要求的最大公约数""网上网下要
形成同心圆"就关联着数学知识。所以，真正的知识，一定是与学生的
生活和生命相关的，如果学生不明白所学知识与自己的关系，就不会真
正热爱学习，知识对他而言或许就是一堆暂时有点用的废料。

二、提供隐含数学的材料，引导学生进行"数学解读"

　　有段话说得好："具有学习能力的人，必须敏感，对一切和自己专业
相关的事物有持续的热情。他们太擅长学习和琢磨事情，无论是否有课

堂，他们都可以从周遭发生的一切中获得养分。"在任务驱动学习中，我们也应该培养学生的敏感心，使学生能够用数学的眼光观察和分析"周遭发生的一切"，哪怕是一段看不到数学的材料，也能够从中琢磨出数学来，会用数学的知识解释其他学科的话题或生活的话题，会用数学的方式解剖其他学科的问题或生活的问题。

1. 用数学解释话题

生活中，有着许多可以作为人们行为规范的言简意赅的格言。有时候，数学敏感度高的人从一句格言中也可以读出数学的意思、意义和意蕴来。

（1）放在学习之后解读——作为知识的运用

作家冯骥才曾说："运动中的赛跑，是在有限的路程内看你跑了多长时间；人生中的赛跑，是在有限的时间内看你跑了多少路程。"我们可以拿来让学生用数学知识解读其中的生活哲理，前一句涉及反比例知识"路程一定，时间和速度成反比例"，后一句涉及正比例知识"时间一定，路程和速度成正比例"，如此的"翻译"练习可谓别具一格。

又如这一句格言："当你看到一个出口时，不要忘了，从另一个方向看，它其实是一个入口。"它原本说的是一种人生智慧，但如果从数学角度来解读，我们也可以由此想到"善于逆向思考的人更聪明"，许多数学问题既可以从条件想起也可以从问题想起，在这里，它又成了一种解决数学问题的策略。

"当你看到一个出口时，不要忘了，从另一个方向看，它其实是一个入口"这句话，除了对数学思考有启示，对教学思考同样有着启示，前面我们谈了根据一些隐含数学的材料来读出数学知识，其实我们还可以反过来开展让学生根据数学知识编写一些隐含数学的金句的活动，例如对人生的思考："任何数和零相加，仍得原数；光说不做，只能在原地不动。""丢掉了小数点数值会增大，不拘小节会犯大错误。""圆，从各个角度看都是同一个图形，有其完美的对称性，使人产生完美无缺的美感和向往。难怪有圆满、圆润、圆通、圆场之说和'花好月圆'等成语。但是'圆滑'一词，却为人们所不爱。"……

在一些生活话题中，尽管能看到数学，但也许不再是一个确切的数了。例如《20％的努力决定80％的命运》这篇文章的题目就是一句需要人费思量的富有哲理的话，要理解它的意思，需要数学知识，更需要社会学知识——

有位朋友曾经问我，说感觉身边有些人能力似乎和自己差不多，但收入却是自己的10倍，除掉运气的因素，这是为什么呢？到底是什么，导致有些人月薪是3000元，而有些人则是30000元？

我说，你是一个典型的具有"及格线思维"的人，但那些月薪30000元的人拥有的是"20％思维"，这就是你们的本质差别。

我自己总结了一条个人发展的定律：80％的人其实失败在最后的20％！

什么意思？就是做事总是完成就好、达标就好，却从来不去想"怎样做得比其他人多那么一点点，好那么一点点"，也就是从来不费神去思考完成之外20％的事情。就是这20％的差距在时间维度上日积月累，导致了人与人之间的巨大差距。

又如黄策行的故事。相传广东名中医黄策行七岁能诗善对，在他十五岁那年的一个月夜，他的老师出了上联：圆月照方窗，有规有矩。黄策行对出下联：长竿垂短钓，能屈能伸。上下联皆虚实结合，以实状虚，相辅相成，相得益彰。由"圆月照方窗，有规有矩"，不仅能够解读出数学中的"有规有矩"，而且能够解读出生活中的"规矩"，不仅能够解读出生活中月夜美好温馨的景象，而且能够解读出数学中的"圆中有方"

和"方中有圆"等知识景象。

（2）放在学习之前解读——作为知识的引入

例如学生想要理解"圆规为什么能画圆？因为它的心一直没有变！"这句话隐含的意思，就必须首先学好"圆的认识"知识，等到课终，教师可以回过头来让学生用"圆的认识"知识来解读这句隐喻。

又如我们可以根据《田忌赛马》这篇课文来设计"解决问题的策略"的数学教学活动。

数学达人游斯彬称，数学是人与宇宙唯一共通的语言！所以，数学无处不有，世上没有什么不隐含着数学。例如达·芬奇的画作《蒙娜丽莎》背后蕴含了黄金分割的数学原理，另一幅画作《最后的晚餐》巧妙地结合了几何学与透视学。达·芬奇曾经说过这样一句话，这世上凡是欣赏我作品之人，无一例外的不是数学家。又如中国的五音也由数学的精巧比例而来，每个音符的长短高低也只相差三分之一。

由此可见，数学如诗如歌如画，它们都可以用作学生进行数学学习和进行数学分析的材料，这样闪耀着多才多艺光辉的材料一定能够显现出德国数学家雅可比所说的"数学如同音乐或诗一样显然地确实具有美学价值"，让学生的数学学习变得诗情画意。

2. 用数学解剖问题

美国的所有高校都在强调"信息阅读力"，教育学生不做信息文盲。新文盲的标志之一是缺乏思辨能力，盲目接受外来信息。在任务驱动学习中，我们应该培养学生辨别各种论断的意识和能力。其中，用数学的知识或者用数学的方式来分析一些我们已经熟悉并已认可的现象或信息，或许能够发现一些深藏不露的问题。

（1）引导学生去验证

例如我们熟悉的成语"腰缠万贯"，有一位教师别出心裁地让学生用数学知识来解读："一个人腰缠万贯，这靠谱吗？"于是，学生进行了一番调查、实验、运算和分析，得出了以下研究结论——

古代人不可能。因为旧时用绳索穿钱，每一千文为一贯。万贯也就是 10000×1000=1000 万文，即 1000 万个铜钱。通过天平称和计算，发现万贯重 40 吨左右。

现代人可能。因为查资料知道一贯（1000 文）相当于 200 元人民币。1 万贯=10000000 文钱=200 万元，1 万元重量=115 克，200 万元重量=23 千克。

时间	一尺的长度 /cm
商代	16.95
周代	23.1
秦时	23.1
汉时	21.35~23.75
三国	24.2
南朝	25.8
北魏	30.9
隋代	29.6
唐代	30.7
宋元	31.7
明清	31.1

图 2

又如我们经常听到的成语"男子汉大丈夫"，难道男人有一丈（约 3.33 米）高吗？我们还经常听到"堂堂七尺男儿"这样的说法，难道男儿都高 2 米多（约 0.33×7 米）吗？另外，这两种说法是不是前后矛盾？这些疑问，都可以引导学生去探究。经过探究，学生发现，每个朝代所说的一尺的长度不尽相同（如图 2），于是问题也就迎刃而解了。

（2）引导学生去改错

现在的一些娱乐节目中，存在的错误数学信息屡见不鲜，可以拿来作为学生学习知识的反面材料。简单来说，它们可以用作判断题或改错题，例如歌曲《穿越一光年》的歌词"爱过多久时间，穿越过几万光年，我们之间不是说好了，一切不改变……"就有着数学错误，光年是长度单位而非时间单位。

又如蔡国庆演唱的《365 个祝福》的歌词："一年有三百六十五个日出，我送你三百六十五个祝福，时钟每天转了一千四百四十圈，我的心每天都藏着，一千四百四十多个思念……"东湖塘中心小学胡继梅老师的班级中，有学生进行如此个性化的分析，也不无道理——

时钟有时针、分针和秒针。时针 12 小时转一圈，一天 24 小时，应该是 2 圈；分针 1 小时转一圈，一天 24 小时，应该是 24 圈；秒针 1 分钟转一圈，一天 $24 \times 60 = 1440$ 分钟，应该是 1440 圈。所以，我认为，时钟一天应该一共转了 $2 + 24 + 1440 = 1466$ 圈。

（3）引导学生去体察

作家林清玄说，要通过生命不断的转弯，发现多元的样貌，而不要生活在一元的状态下。在任务驱动学习中，要让学生的学习不总是处于一元的状态下，我们就要努力让数学知识不断转弯，发现数学知识的多元样貌。也就是说，数学不能只是理解成"数的学习"，我们不妨把它理解成"数的学问"，而"数的学问"的学问可就大了，它可以体现在能看出数学的材料中，也可以体现在看不出数学的材料中。对后一种材料，只要我们有一双数学的眼睛，就一定能够看出数学来，这同样是数学学习的学问，而学生，更喜欢这样一种数学学习。

"数的学问"在生活中的学问，还可涉及心理学。例如超市中的牛奶，商家大多会标明"95％脱脂"，而不是"含脂肪 5％"。虽然两者的脂肪含量并没有区别，但不同的表述，会使得消费者对同一盒牛奶产生不同的心理期许。

情景表演：
展现学生数学学习的表现力

喜欢表演、喜欢表现是儿童的天性。语文课上，教师为了加深学生对文本的深刻体验，有时会采用情景表演的教学方式，这样既能调动学生的学习积极性，还能使得情景再现，加深感受。其实，数学同样可以"表演"，数学学习同样需要"表演"，所以，有一种任务驱动叫作情景表演。

数学教学往往在情景开场时引入新知，不过很多情景有"短（时间短）、平（情节平）、快（转换快）"的特点，一旦切入新知，教师也就"过河拆桥"，情景随之退出了教学舞台。对此，我认为，既要减少那些昙花一现的情景，还要减少那些只是放映式的情景，除了要追求情景的生动，还要努力追求那种能够"生'动'（学生能够动起来）"的情景。在任务驱动学习中，有一种"生'动'"的情景就是情景表演，它是一种能够演出知识、演出理解、演出思想的情景，能更好地反映出所教知识的内容，也能更好地反映出学生的内心想法。

把表演任务引进数学学科，学生会感到愉悦，通过对表演脚本以及角色本身的理解和角色之间的相互交流，更容易达成对知识的理解和掌握，同时表演时学生会全心投入，有助于提升专注力。另外，数学表演任务还有助于各个学科间知识的渗透和综合。

一、演好"课堂小剧"，唱好教学的"重头戏"

美国数学科普作家马丁·加德纳说，唤醒学生的最好的办法是向他们提供有吸引力的数学课堂小剧……假如每节课都有课堂小剧，而且能在课堂小剧中学到知识，那该多好啊！

1. 表演可以说演故事

（1）用表演演义数学历史

在数学中，许多知识是有"故事"的，这里所说的故事不是我们编造的那些童话故事或神话故事，也不是平常教师所创设的故事情景，而是指数学的历史故事。学习了《材料分析：培养学生的阅读理解力》，我们已经知道数学史已经逐渐进入课堂教学实践。其实，我们可以把数学史编成故事剧在课堂中表演出来，这样的新知引入更有文化底蕴。

例如《分数的初步认识》一课，有一位教师这样开场——

> 话外音：古时候，有一个人只会打猎，有一个人只会捕鱼。（教师扮演猎人，学生扮演渔夫，开始情景表演。）
>
> 师：唉，天天吃肉，多腻呀。
>
> 生：唉，天天吃鱼，多腥啊。
>
> 师：我好想吃鱼。
>
> 生：我好想吃肉。
>
> 师：那咱们就——
>
> 生：换着吃。
>
> 师：怎么换呢？这样吧，2条鱼换1块肉。你们拿4条鱼来换，能换几块肉呢？
>
> 生：2块。

师：你们拿 2 条鱼来换，能换几块肉呢？

生：1 块。

话外音：有一天，捕鱼的只抓到 1 条鱼，怎么换呢？

生：用 1 条鱼换半块肉。

师：半块，该用什么数来表示呢？

……

英国哲学家、数学家罗素说，教师的工作基本上属于表演业，他要用戏剧和故事说演的方式，将知识和智能呈现出来。上述《分数演义》的课堂小剧，学生就感觉是在玩中学。情景表演中的角色扮演属于情境教学的一种，学生在角色体验和换位思考中更容易内化知识与技能。所以，情景表演，必然是启发式教学。

（2）用表演演绎数学思路

但是，数学毕竟不是语文，没有那么多"故事剧"，还有许多教学内容，例如大量的计算课缺乏故事性。当然，我们也并非无计可施。尽管这些内容缺乏故事性，但大都附有情景，我们可以来一段想演就演的表演，以此活跃计算课的气氛，扩展解题思路。

例如在教学"加减混合运算"时，一位教师把例题设计成了《开火车》的情景剧——

师：本次列车，老师是司机，请各位旅客注意，火车要出发了，请旅客快点上车。（被老师叫到的同学上车，第一位拉住老师的衣服，第二位拉住第一位同学的衣服）

师：第二站到了，王××、陈××两位旅客要下车了。被叫到名字的两位同学回到自己的位置。现在车上还有多少位旅客？你能在原来的式子上表示出来吗？

......

上述案例中师生合作表演，快乐地演出了加减混合运算的式子，演出了加减混合运算的运算顺序。在表演中，师生关系融洽，学生注意力高度集中，因为人人都是知识的演员。

甚至可以由教师表演，吸引学生主动参与进来。例如刘德武老师在教学《找规律》一课时，故意摔了一跤，打翻了教具中按规律排列的部分色块，学生大惊失色，纷纷起身搀扶老师，并帮老师捡拾掉落的色块，主动接受帮老师把教具恢复原状的任务，自觉找起了规律。

2. 表演可以饰演环境

在任务驱动学习中，虽然数学情景表演不是真正的舞台表演，但有时候也需要一些道具以及环境布置。

例如《认识方向》一课，教师首先要布置舞台，在教室里张贴"东""南""西""北"的方向牌，然后进行"老师说方向学生指方向"的辨认活动。接着让学生上台表演蒙眼找方向：一名学生蒙上眼后，先在原地正转几圈再倒转几圈，当学生停下来后，老师告诉他正前方是什么方向，然后让他指出其他方向。对于这种表演活动，无论是表演者还是观看者都兴致盎然，当表演失败时，全班同学会设身处地思考：问题出在哪里？如何才能不犯糊涂？......

数学表演为我们设置了诱发学生学习需求的情景，很多时候，同一数学知识，情景表演的脚本可以不止一种，例如上述《认识方向》一课，我们还可以通过课件和视频展示家乡的旅游景区和名胜古迹，让一些学生扮演"家乡小导游"，另一些学生扮演游客，"导游"根据"游客"的提问，说出一些景点的大概方位。

另外，全课总结环节，我们也可以一改"这节课学了什么"或"这节课你有什么收获"这种问答式的传统套路，不妨尝试以小话剧等形式进行。例如，学习了《平面图形的认识》后，让学生扮演各种图形，进行"自我"介绍，从而完成总结知识的目标。

3. 表演可以助演难点

（1）通过演出攻克难点

对一些知识难点，如果可以用情景表演的任务驱动学习，其效果可能胜于单纯的语言解释。

例如教授用减法解决"比多、比少"的生活问题时，由于前面学习的减法都是"飞走了、吃掉了、拿走了"等问题，学生从没想过男同学比女同学多几人也要用减法来解决，因此这一课对一年级的小学生来说难度相当大，就算个别学生会列式，其实也不懂算式所表示的实际意义。在比较男同学比女同学多几人时，学生会陷入学习盲区，不能理解减法的实际意义。这怎么办？一位教师采用让学生摆学具的方法，用圆片表示男同学的人数，用三角形表示女同学的人数，但是学生在操作过程中还是很茫然，似懂非懂。后来，教师将表演引入课堂，使得难题迎刃而解——

8个男同学排一行，5个女同学排一行，然后让每一个女同学依次牵走一个男同学，这时讲台上还剩下3个男同学。此时，教师故作惊讶地问："怎么还有3个男同学呢？"

"老师，是因为男同学比女同学多！"

"对啊，那男同学比女同学多多少人呢？"

"就是上面站的3人！"

"男同学比女同学多的这3人，你们为什么这么快就找到了？"

"老师，刚才的8个男同学被女同学牵走了5人，剩下的3人就是多出来的人。"

……

又如相遇问题，由于术语较多，并且速度的概念不易理解，再加上此类题目发展变化多，因此造成学生认知困难，对此我们也可以让学生通过情景表演来"演"出对难点知识的理解。（详见第三章《"演"活数学模型，"变"出数学本质》一文）

（2）通过演示攻克难点

从大处看，数学演示也可以看作数学表演，很多时候，数学演示同样可以很好地突破知识的难点。

例如用手势把长方形的周长公式"$C=2(a+b)$"表演出来（如图1）。

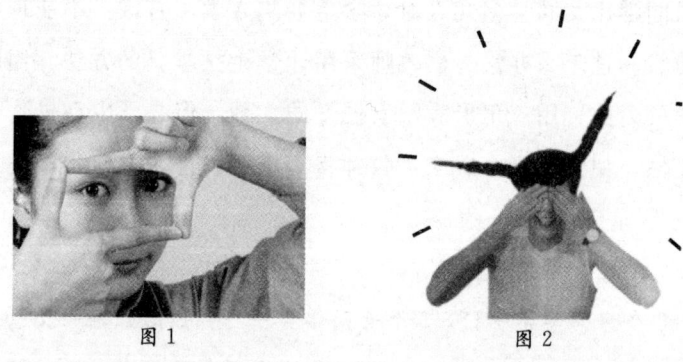

图1   图2

演示除了用手，还可以用身体的其他部位和部件辅助表演，甚至可以借用辫子演示钟表上的时间（如图2），如此让人意想不到的表演方式很容易吸引学生的注意。

二、演好"课堂长剧"，唱好教学的"主题曲"

如果数学"课堂小剧"之"小"是说它只是用力于新授知识的点开、重点知识的点染或难点知识的点破，更多地属于教学的点睛、点拨和点化，作用如同教学的开场或插曲，那么，还有一种数学情景表演则可以贯穿一节课的主要环节甚至整节课的教学，成为教学的主题曲，我们称之为"课堂长剧"。

"课堂长剧"要能够"长"，一是要保证学生活动持续的时间长，二是要保证学生学习持续的劲头长，所以除了有情景，最好有情节，有一种"课堂长剧"的形式是教育戏剧。

1. 表演可以是戏剧表演

"戏剧是离人最近的艺术。"教育戏剧是一种运用戏剧与剧场技巧，推广于学校课堂的教学方法。数学也可以有属于自己的教育戏剧。

例如一位教师特意选择圣诞节那天进行《观察物体》一课的教学，整节课连缀着三个情景表演任务——

　　表演情景 1：观察圣诞老人。在欢快的《铃儿响叮当》音乐声中，圣诞老人进场与学生欢跳，然后背对讲台静站在那里，学生继续围着圣诞老人唱啊、跳啊……老师拿出事先拍好的四幅照片，让学生说出刚才是在哪个位置看到的。

　　表演情景 2：观察圣诞礼物。圣诞老人给三个小组发了礼物，分别是玩具房、玩具猴、玩具娃娃，学生连线所看到的图片和所观察的位置，再去看看其他小组的"连线"对不对。

　　表演情景 3：观察圣诞树。教师搬上四个侧面分别写着"圣""诞""快""乐"的圣诞树。每组组员从圣诞老人发的信封中抽出一张画着圣诞树一面的图画，看谁能最快找到正确的位置。当老师说"我们把圣诞树底座四边的字连起来读"时，"圣诞快乐"的喊声在教室响起。这时，《铃儿响叮当》音乐声又重新响起，上课教师、圣诞老人、学生一起围着圣诞树跳唱起来。

从教学的艺术角度看，这节课以"欢度圣诞"为基本情景，形成情景表演的主线，为我们呈献了一幕数学活动剧。

2. 表演可以是即兴表演

（1）让学生露一下"真人秀"

从广义上讲，情景表演不仅仅表现为戏剧表演，在数学教学情景中的学生演示也可以看作肢体表演和行为表演，好比电视节目中的"真人秀"。

例如《平移和旋转》一课，我们整节课设计了"演一演"的任务——

1. 新授环节。

教师出示图片：它们各是怎么运动的？你能用合适的方法，把这些运动表演出来吗？

教师在学生表演的基础上讲解"平移"和"旋转"的概念。

2. 练习环节。

师：其实平移和旋转现象在生活中有很多，它们就在我们身边。来，让我们先走进体育课找一找。

师：谁会神气地踏步走呢？谁来演一演？

师：为什么说踏步前行的运动方式是平移？（方向直直的、人体形状不变）

师：真棒！来，我们一起喊"平移、旋转"口令，让他用这种方式回到座位。

师：还有哪些体育运动方式能用"平移、旋转"来描述呢？接下来，我们玩个《我演你猜》游戏，猜测者既要说出这是哪种体育运动，还要说出它的运动方式是平移还是旋转。

教师用小卡片依次出示"拔河、掰手腕、踢毽、跳绳、拍球"指令，一位学生表演动作，其余学生猜是什么运动，并说出运动方式。

师：在体育运动中我们能找到很多平移和旋转现象，那生活中还有哪些平移和旋转现象呢？你能来说一说、演一演吗？（学生边表演边回答）……（详见第三章《即兴表演，让学生遇见知识的美好》一文）

席勒说："人在游戏时，才完全是人。"本质上，表演活动也是一种游戏活动。学生在情景表演的主体性活动中不仅获得了学习的快乐，更获得了学习的"舞台感"，最终获得了学习主人的存在感。任务驱动学习就应该多一些这种不仅充满喜气而且充满喜悦的教育喜剧。

又如《圆的认识》一课，一位教师给了学生七次画圆的"真人秀"机会，用画圆的任务不断驱动学生秀出自己的才能——

第1次画圆：利用圆形物体画圆。

第2次画圆：用圆规画一个圆。

第3次画圆：在别的地方再画一个圆。

第4次画圆：画一个和刚才不一样大的圆。

第 5 次画圆：画一个半径是 3 厘米的圆。

第 6 次画圆：画一个直径是 6 厘米的圆。

第 7 次画圆：在操场上画圆。（详见第三章《多次画圆，画出"圆的认识"》一文）

当然，随着学生所学知识越来越多和所习技能越来越高，我们还可以让学生继续表演下去——

第 8 次画圆：用圆组成美丽的图案。

第 9 次画圆：徒手画圆。

第 10 次画圆：左手画圆，同时右手画方。

第 11 次画圆：右手正向画圆，右脚反向画圆……

此时，与其说是学生把自己的画圆才艺表演给老师和同学们看，还不如说是学生自我风采的表现。

（2）让学生过一把"老师瘾"

甚至，学生当小老师这种表现活动也可以看作情景表演，"老师"也可以成为学生在"课堂长剧"中要扮演的角色。"老师"是学生喜欢的角色，因为学生都有向师性。在任务驱动学习中，我们可以选择一些比较简单的数学内容，为学生演好老师、演好自己搭建表演的舞台。

例如一位教师这样上《亿以上的数的认识》一课——

教师首先画了一个满头大汗的地球，用"地球上有 61 亿人口"引出亿的概念，然后布置表演任务："3 人为一组，小组商量一下，看看怎么把课本知识告诉别人。"

45 名学生按照 3 人一组分成不同的学习小组，孩子们讨论得很激烈。5 分钟后，大半学生举起了手："我来讲！我来讲！""我可以表演！"

一个小组被挑选成为这堂课的小老师，三个人走上讲台。一名男生扮演地球，弓着身子，压低嗓子："大家好，我是地球，我身上有 61 亿人，我快背不动了！"教室里爆发出一阵哄笑。

一名女生伸出手给他擦汗："地球爷爷，你歇一歇吧，我们想知道，61 亿人很多吗？到底是多少呢？"

另一名女生用粉笔在黑板上写下"6100000000"，告诉同学们："你们数一数，从最后一个零往前数，就知道 61 亿有多少啦。"

此时，教师提问："三名老师表演得很生动，但是我和同学们想知道，遇到其他亿以上的数，我们该怎么读呢？"

三名小老师愣住了。男生吐了吐舌头："我也不知道。"

教师趁机走上讲台："那我来给大家讲讲吧。有知道的同学，也可以上来和我一起讲。"

又有三名同学上台了。小小的讲台上，现在有了 7 名老师。有人表演，有人画图，有人讲解，热闹极了。

40 分钟过去了，一堂课结束了。教师问："明天的课大家说怎么讲？"有同学提议："可以扮演父母和孩子，进行对话。"教师点头："好，一会儿大家预习一下明天的课文，不懂的就问。"

一堂课 40 分钟，孩子们在讲台上的时间大概有半个小时。

上述"课堂长剧"中，不仅有学生扮演的"地球"角色，而且有学生扮演的"老师"角色。教师设计的"地球"角色，让学生做到了有景出演，而教师设计的"老师"角色，则让学生做到了有情出演——有一种"主持课堂"的自豪感和荣耀感。

三、演好"课堂连续剧"，唱好教学的"余音"

教师都期待自己的教学能够"余音绕梁"，也就是希望课堂教学不仅能够让学生牵挂着知识的"过去时"和"过去式"，还能够让学生牵挂着知识的"将来时"和"将来式"，学生这种"有念想"的学习才是一种积极的学习状态。所以，我认为，在任务驱动学习中，数学课结束，并不等于学生学习的结束，我们不仅要唱好课堂的序曲，也要唱好课堂的续曲，引导学生继续"深造"。

1. 表演可以实现连拍

数学知识具有连续性。在任务驱动学习中，学生根据知识的"前世"与"今生"，都有能力推演出知识的"未来"。对一些可以表演的连续性知识，我们不妨让学生采用表演的方式"创造"知识，由此实现"由点到面"的建构性学习和主动性学习。

例如有一位教师在课中让学生扮演小明和小刚，领衔主演如下情景剧："在一条笔直的公路上，小明和小刚骑车同时从相距 500 米的 A、B 两地出发，小明每分钟行 200 米，小刚每分钟行 300 米，多长时间后，两人相距 5000 米?"——

　　师：你们骑车同时从相距 500 米的 A、B 两地出发，是怎么走的？

　　生 1：相向而行！

　　生 2：也可以相背而行，题中只提到出发！

　　师：有道理。那先来想象第一种情况。你们分别以 200 米、300 米的速度相对而行，在路上发生什么了？

　　生（笑）：1 分钟后撞车了！

师：换个词，相遇了。后来呢？继续走？

生：是啊，还要继续走，没到 5000 米呢！

师：那走吧，什么时候停下来？

生：5000÷（200＋300）＝10（分钟）。

师：终于完成两人相距 5000 米的任务了，你们一共用了几分钟？

生：1＋10＝11（分钟）。

课后，我们还可以让学生排演如下"课堂连续剧"：如果把课中"相对而行"的表演看作连续剧的第 1 集，那么第 2 集可以是"相背而行"的表演，第 3 集可以是同向而行中的"小明跑小刚追"，第 4 集可以是同向而行中的"小刚跑小明追"……

这样的"连续剧"，可以是下一节课的内容，那么就能驱动学生主动预习；这样的"连续剧"，也可以是拓展练习或深化练习，那么这样的情景表演练习必定讨得学生的喜欢，也有助于学生掌握遇到困难进行"演一演"（其实也就是"画一画"）等解决问题的策略。

2. 表演可以实现自拍

网上有句经典的话"每个人都是生活的导演"，同样，在任务驱动学习中，每个学生也可以成为数学知识的导演。我们可以引导学生把自己表演知识的过程拍摄下来。

（1）拍摄好"微视频"

这样的"微视频"，既是一种学习活动的留痕，又能让学生随时进行知识的复习，还可用于同伴之间的学习交流。在学习中，自拍的机会很多，大致有以下几方面：

一是可以进行拍摄方法的拓展。例如上完《三角形的面积计算》一课，教师可以让学生思考除了教材上用两个完全一样的三角形来推导之外，能不能只用一个三角形来推导三角形的面积公式，然后把操作过程拍摄下来，在第二天的课堂上播放，或者发到学习群让老师和同学们观看交流。

二是可以进行拍摄知识的运用。例如上完《比的应用》一课，教师让学生回家在家长的帮助下根据菜谱中的配比做一道菜，然后把操作过程以及全家人品尝、评价过程拍成视频。

三是可以注重拍摄活动的过程。例如上完《比的应用》一课，我们组织学生开展"泡泡节"的比赛活动。学生为了能够吹出尽可能大的泡泡，就必须研究泡泡液中各种成分的最佳配比。这样的"我秀"，既可以看作技能展现，也可以看作娱乐活动，还可以看作节目表演，我们可以让学生用"微视频"的方式把整个活动拍摄、记录下来。

四是可以进行拍摄学习的汇报。例如教师布置学生回家当小老师的任务，把今天学到的知识讲给家长听，让家长把讲课过程拍摄下来。又如教师让学生把一些自己已经学会的难题带回家考考家长，此时就可以由学生来拍摄了。教师还可以教给学生一些数学魔术，让学生回家表演给家长看，看看家长能否看出其中的奥秘，此中先是由家长进行拍摄然后由学生进行拍摄。另外，学生也可以把回家预习的过程拍成视频，发给教师作为以学定教的素材，对学生预习比较好的视频，教师可以在课上播放来代替教师的讲课。

（2）拍摄好"微电影"

设计故事情节，让学生把知识导演成"微电影"。我们都知道，在数学教学中，课后作业普遍不受学生欢迎。对此，我们可以改变课后作业的形式，设计一些能够让学生进行情景表演甚至可以拍摄成"微电影"的作业，以此改变作业都是做题的面孔，从而赢得学生的喜欢。

例如有这么一道作业题："☆＋△＝4，△＋□＝9，☆＋□＝11。求△＝（　　），□＝（　　），☆＝（　　）。"有一位教师指导学生根据思考过程创作了数学"微电影"《玩具总动员》的脚本，然后让学生表演，并进行拍摄——

　　☆、△和□都变成了玩具店里的图形玩具，它们都想知道自己分别代表几，可是，研究了半天也没有答案。忽然，一只大袋子从天而降，把它们全都装了进去。袋子里顿时热闹起来，一会儿，声音渐渐地变轻了……嘘！听，图形玩具们好像在重新排队。偷偷瞧一眼吧："☆＋△＋△＋□＋☆＋□＝4＋9＋11。"哈哈，原来玩具们都聚集到等号的一边啦！哎呀，排得乱糟糟的，排整齐些吧！

　　玩具们真听话，看：☆＋☆＋□＋□＋△＋△＝24，好多了吧！这时，玩具店的店长出场了："玩具店的图形玩具一盒是 3 个——☆＋□＋△，这些可以配成几盒啊？"玩具们马上自动分成了两盒：每盒都是☆＋□＋△＝12。一道金光闪过……啊，☆＋□＋△＝12 变成了一把金钥匙！当金钥匙与☆＋△＝4 相遇，□跳出来，笑着说："12－4＝8，原来我是 8 啊！"接着，☆和△也都明白自己究竟是几了。

　　学生要会编排剧情，首先必须会解答问题，而排演的过程，又进一步巩固和加深了学生对题目的理解，更重要的是，增加了学生完成作业的乐趣，可谓一举多得。

　　拍摄"微电影"的过程，我们还可以添加其他知识元素和技术元素，使之除了具有活动乐趣，还富有审美情趣。

　　例如上完《平面图形的认识》一课，一位教师布置了让学生用数学的方式通过"七巧板"来拍摄"微电影"《乌鸦和狐狸》的课后作业：先读一读语文教科书中《乌鸦和狐狸》的故事，然后用七巧板拼出《乌鸦和狐狸》故事中的主要镜头。结果，有学生用七巧板拼出了这样的故事画面（如图 3），这样的"微电影"除了拍摄成视频，还可以用海报或PPT 的形式来展示。

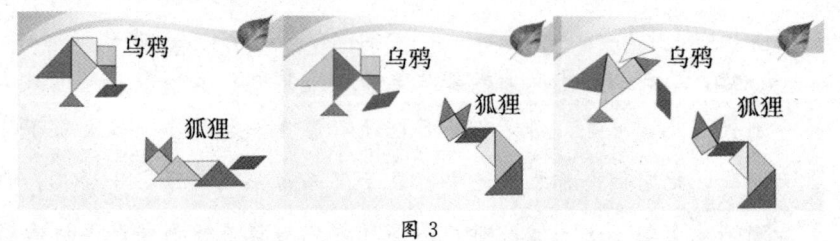

图 3

总之，情景表演是学生的最爱，因为它可以让学生快乐地表现自己。所以，我认为，在任务驱动学习的舞台上，不妨多一些能够让学生好好表现的"我演我秀"活动，作为传统教学方式的补充甚至替换。

第三章

任务驱动学习的教学设计举例

即兴表演，
让学生遇见知识的美好
——"平移和旋转"任务驱动式教学实录

一、第一次表演：揭示新知

　　1. 布置任务：演一演

　　出示静态图片：

　　布置任务：它们各是怎么运动的？你能用合适的方法把这些运动表演出来吗？

　　学生用语言和手势表演，教师适时评价。（课件依次呈现动态的运动方式）

2. 比较分类

师：刚才我们看了六组物体的运动，并且表演了它们运动时的样子，你能不能根据它们运动时样子的不同，也就是运动方式的不同，来给它们分分类呢？

生1：车厢的运动、电梯的运动、国旗的运动为一类，它们运动的路线都是直的。

生2：风扇叶片、螺旋桨、钟面指针的运动为一类，它们都是转动的。

3. 创造符号，提炼本质

师：你能用简洁的图形表示出平移和旋转吗？

学生自由创造：→ 、— 、◎ 、❨•❩、◉ 等。

指着"→"，师：你们怎么想的？

生说，师归纳：横线表示物体在做直线运动，箭头表示方向。

师：❨•❩ 表示旋转可以吗？你是怎么想的？

（1）反思平移的本质

师：在平移过程中，这些物体形状变了吗？（没变）除了形状没有变，还有什么没有变？（方向）方向为什么不变？（沿着同一个方向，直直地运动）

（2）反思旋转的本质

师：让我们再来看看旋转！想一想，电风扇叶片旋转时是绕着哪儿转的？螺旋桨、钟面指针呢？（生上台指，师告知是中心点或中心轴）

4. 揭示概念

二、第二次表演：找寻生活中的平移和旋转

1. 表演体育课中的平移和旋转

师：同学们，其实平移和旋转现象在生活中有很多，它们就在我们

身边！来，让我们先走进体育课找一找！

师：谁会神气地踏步走呢？谁来演一演？

师：为什么说踏步前行的运动方式是平移？（方向直直的、人体形状不变）

师：真棒！来，其他同学一起用"平移、旋转"喊口令，让他回到座位！

2. 表演《我演你猜》游戏中的平移和旋转

师：还有哪些体育运动能用"平移和旋转"来描述呢？接下来，我们玩个游戏，不仅要说出这是哪种体育运动，还要说出运动方式是平移还是旋转。

教师用小卡片依次出示"拔河、掰手腕、踢毽、跳绳、拍球"等指令，一名同学表演动作，其余学生猜是什么运动，并说出运动方式。

出示踢毽、跳绳、拍球的图片，重点分析其中包含的运动方式（既有平移，又有旋转）。

师：那我们课前玩的溜溜球的运动方式呢？

小结：不管物体是向上直直地运动，还是向下、向左、向右，只要是沿着直直的路线且方向不变，物体形状大小不变，它的运动方式就是平移。如果物体围绕一个中心转动，它的运动方式就是旋转。

3. 表演生活中的平移和旋转

师：体育运动中我们能找到很多平移、旋转现象，生活中还有哪些平移、旋转现象呢？你能说一说、演一演吗？

三、第三次表演：根据要求演一演

1. 用身体或物品表演平移

（1）第一次平移活动：全体起立！向右平移 2 步！

师：有同学是这样走的，先转身再移动，这是平移吗？（不是）那怎么走是平移呢?

师:向左平移2步!坐回位置。

延伸:其实脚就是人体运动的一个点,点的移动轨迹就成了一条线,今后的学习中,我们还会进一步研究点、线的平移。

(2) 第二次平移活动:小组合作,按照要求把数学书平移。

教师发指令,学生活动。

延伸:以后我们还会研究面的平移(如下图,课件演示数学书抽取成面的移动过程,课件隐去书本和桌面,出现方格纸和长方形、箭头)。

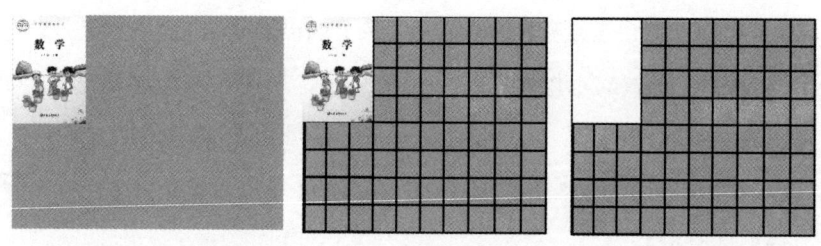

2. 用转盘表演旋转

你能让指针在转盘上做旋转运动吗?

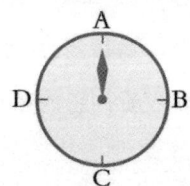

师:旋转是围绕一个中心点转动的。(课件慢慢隐去转盘,抽取出空白的转盘和指针)可以转一圈,也可以转半圈,或小半圈。

(无锡市锡山实验小学华志艳执教)

体育任务，
给学生"不一样"的数学学习
——"认识垂线"任务驱动式教学设计

一、操作任务，引入数学

师：同学们做过跳远运动吗？

生（兴奋）：跳过！

师：你们知道是怎么计算跳远成绩的吗？裁判员规定（播放语音）：测量落点到起跳线的距离。你们知道是怎么测量的吗？（学生黑板上操作）

图1　　　　　　　　图2　　　　　　　　图3

生1：如图1测量。

生2：不对，这样量不出来。

生3：这样测量的是起跳线的长度。

生4：要这样量。（如图2）

生5：我觉得也不对，起跳线在这里，落点在那里，像她这样拉过去根本就量不出来的。

师：你的意思是这把尺拉的方向不对？那该怎么拉呢？

生5：要往下面拉，往起跳线方向拉，碰到起跳线。（如图3）

师：也就是说，这把尺要和起跳线"相交"。

二、观察任务，学习新知

（一）借力"怎样摆放直尺"教学"互相垂直"

师：我把第三位同学呈现的尺和起跳线所在的直线画下来。（如图4）

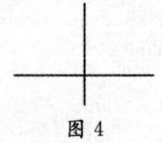

图4

师：根据跳远成绩的测量方法"测量落点到起跳线的距离"，我这样量正确吗？（如图5）

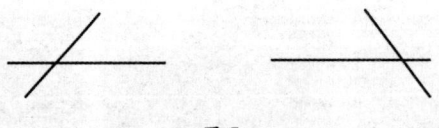

图5

生：不正确。因为这里（指着图4）是直的，而这里（指着图5）都是斜的。

师：直的？你来指一指哪里是直的。

生：这个角是直角。

师：是不是直角呢？怎么检验？

生：可用三角尺检验。

师：真好，用三角尺上的直角比画。我们一起来看一看。（生上台比画）通过检验，确认这个角是直角。这个角是直角，其他的角呢？

生：另外三个角也是直角。

师：对。两条直线相交，只要有一个角是直角，另外三个角肯定也是直角，所以，只要直接说"两条直线相交成直角"，画上一个直角符号就行了。

师：两条直线相交形成的角有大有小，这个角比较特殊，我们一眼就看出来了正好是一个直角。两条直线相交成直角时，这种特殊的位置关系也有特别的名称，叫作"互相垂直"。这时，两条直线的位置关系还可以怎么说呢？请同学们自学课本。

生 1：直线 a 与直线 b 互相垂直，我们就说"直线 a 是直线 b 的垂线"。

生 2：还可以说"直线 b 是直线 a 的垂线"。

生 3：我补充，这时候两条直线的交点叫作"垂足"。

师（指着图 5）：这两个交点是垂足吗？

生：不是的，因为两条直线没有互相垂直。

师：到现在，我们可以知道了，刚才第三位同学测量跳远成绩时应努力让尺和起跳线怎么样？

生：让它们互相垂直。

（二）借力"怎样观察长度"教学"垂直线段"

师：裁判员规定"测量落点到起跳线的距离"，其实量的什么呢？谁来指一指说一说。

生 1：就是量的这条线段的长度。

师：这条线段跟起跳线互相垂直，我们量的就是从直线外一点到这条直线所画的垂直线段的长度。数学上，直线外一点到这条直线所画的垂直线段的长度，叫作点到直线的距离。

师：垂直线段除了位置比较特殊，是不是还有其他特殊的地方？

生2：这条线段的长度最短。

师：是不是最短呢？怎么确认？

生2：用尺量一量。

师：嗯，这条线段确实比较特殊。在体育中，用"落点到起跳线的距离"来评定跳远成绩，你觉得操作起来方便吗？

生1：方便。尺子只要与起跳线垂直就行了。

生2：只要眼睛看看相交的角是不是直角就可以。

师：是的，从直线外一点到这条直线可以画很多条线段，垂直关系比较特殊，有时可以目测，比较方便。

生3：而且这条线段最短。

师：从直线外一点到这条直线所画的线段中垂直线段最短，所以统一用最短的作为跳远成绩，这样既公平又操作方便。

师：有一种非洲青蛙是跳远高手，看，（如图6）青蛙在比赛跳远。哪只青蛙的跳远成绩好一些？

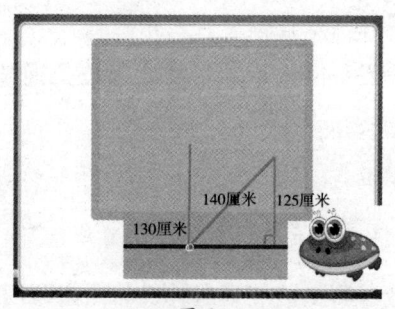

图6

生：第一只青蛙的跳远成绩好，因为第二只青蛙是往旁边跳的，垂直线段的长度才是它的成绩，它白白浪费了很多力气。

师：如果是你，准备怎么跳？

生：往垂直方向跳。

（无锡市张泾实验小学顾文亚执教）

听音辨数，
吸引学生一探究竟

——《3 的倍数的特征》任务驱动式教学实录

一、煽情：怀疑老师是否"言过其实"

师：老师有个神奇的本领，我能很快地判断一个数是不是 3 的倍数。你们惊讶吗？

生：不惊讶。

师：为什么？

生：因为看一个数是不是 3 的倍数，只要看这个数个位上的数是不是 3 的倍数。

师：是这样吗？

学生举例验证。

生 1：我发现不是所有个位上是 3、6、9 的数都是 3 的倍数，例如 23、76、329 就不是 3 的倍数。

生 2：我发现 3 的倍数的数个位上不都是 3、6、9，而是包括从 0 到 9 的所有数字。

师：这说明判断一个数是不是 3 的倍数，能不能像判断 2 和 5 的倍数那样，只看个位上的数？

生：不能。

师：那现在，我能很快地判断一个数是不是 3 的倍数，你们惊讶吗？

生 1：有点惊讶了。

生 2：是啊，不看个位，看什么呢？

师：呵呵，我不用看，只要听你们在计数器上拨珠子时落下的声音，就能快速做出判断。

生 1（很是惊讶）：啊？我不相信。

生 2：不用看，不可能吧？

师：要不我们试试？

生：好！

二、验证：相信老师真是"耳听不虚"

教师出示活动要求：

听音辨数

活动要求

1.一位同学在计数器上拨数，注意一颗一颗地拨珠子。

2.其他同学记录拨出的数，并用计算器验证该数是不是3的倍数。

请学生代表上台拨珠子，教师背对着计数器判断，师生一起验证。

师：现在相信了吧？

生：我还是有点不相信，我来拨一个大一些的数试试。

这位学生在计数器上拨出一个较大的数，教师依然能够正确地判断出这个数是不是 3 的倍数。

生：老师，我相信了，是不是您有什么诀窍啊？

师：对啊，老师又不是算命先生，（生笑）肯定是掌握了 3 的倍数的特征。你们想知道吗？

生：想！

师：那我们一起来探究 3 的倍数的特征吧！

生：好！

三、探究：发现老师仍属"眼见为实"

师：老师只听不看，其实听的是什么？

生 1：听的是珠子落下的声音。

生 2：应该听的是珠子一共落下几次。

生 3：我想到了，老师听的是各个数位上的数的和是多少，对吧？

师：对！然后呢？

生 3：然后看加出来的和是不是 3 的倍数。

师：其他同学想想，是他说的这样吗？

学生举例验证。

生 1：我试的是 76，7＋6＝13，13 不是 3 的倍数，结果发现 76 不是 3 的倍数。

生 2：我试的是 345，3＋4＋5＝12，12 是 3 的倍数，结果发现 345 就是 3 的倍数。

……

师：如果我听到珠子响了 6 声，所拨的数一定是 3 的倍数吗？

生：是！

师：大家也检验一下。

学生发现，尽管各个数位上数的和是 6 的数有很多，但确实都是 3 的倍数。

师：如果我听到珠子响了 5 声，所拨的数一定不是 3 的倍数吗？

生：对！

师：大家也检验一下。

学生发现，尽管各个数位上数的和是 5 的数也有很多，但确实都不是 3 的倍数。

生（恍然大悟）：老师，我知道您为什么不用看数而只听珠子落下的声音了！

师：哦哦，那是为什么啊？

生：因为不管这个数是多少，您只需要知道这个数各个数位上的数的和是多少，也就是听珠子一共响了多少声。

其他同学表示同意。

师：对啊，为你点赞！今天这节课上，老师表演了"只听不看"的本领，其实是利用了 3 的倍数的特征。知道了谜底，事情也就不神奇了，对吧？

生：对！

师：但我们一直要这样只听不看吗？

生 1：听，要有计数器啊，那太麻烦了。

生 2：我认为，听等于在看，看这个数各个数位上的数的和是多少。

师：哈，老师的"故弄玄虚"被你们一一看破了，你们真了不起！

四、抢答：领悟老师又在"暗藏玄机"

师：通过大家的努力，我们知道了怎样判断一个数是不是 3 的倍数。下面我们就一起来比一比谁判断得快。

师：15 是不是 3 的倍数？

生：是。

师：你们怎么判断得这么快啊？看各个数位上的数的和了吗？

生：直接用乘法口诀"三五十五"就行了。

师：51 是不是 3 的倍数？

生：是。

师：这个没乘法口诀，你们判断得怎么还这么快呀？看各个数位上的数的和了吗？

生：15 是 3 的倍数，51 肯定也是 3 的倍数，因为它们各个数位上的数的和是一样的。

师：584 是不是 3 的倍数？

生：不是。

师：这次怎么不如刚才快了呢？

生：这个没乘法口诀，我们要看一看 5＋8＋4 等于多少，还要看一看各个数位上的数的和是不是 3 的倍数。

师：275 是不是 3 的倍数？

生 1：不是。2＋7＋5＝14，14 不是 3 的倍数，所以 275 不是 3 的倍数。

生 2：不用这么麻烦，2＋7＝9，9 是 3 的倍数，剩下的 5 不是 3 的倍数，所以 275 不是 3 的倍数。

生 3：不用加，用乘法口诀"三九二十七"，剩下的 5 不是 3 的倍数，所以 275 不是 3 的倍数。

师：963 是不是 3 的倍数？

有学生抢答：是。

师：你怎么这么快？

生：我也没有把 9、6、3 加起来，而是发现 9、6、3 都是 3 的倍数，所以这个数一定是 3 的倍数。

其他学生也恍然大悟。

师：6923965 是不是 3 的倍数？

生：不是。因为 2＋5＝7，不是 3 的倍数。

师：怎么只把 2 和 5 相加？

生：因为剩下的都是 3、6、9，它们已经是 3 的倍数，可以不看。

师：92564018 是不是 3 的倍数？

生 1：不是。9、6 不看，2＋5＋4＋1＋8＝20，不是 3 的倍数。

生 2：老师，我有更简便的方法：2 和 4 凑成 6，1 和 8 凑成 9，6 和 9 都是 3 的倍数，这样只要看剩下的 5 就行了。

生 3：也可以 2 和 4 凑成 6，5 和 1 凑成 6，只要看剩下的 8。

生 4：也可以 2 和 1 凑成 3，4 和 8 凑成 12，只要看剩下的 5。

……

师：你们真的很棒，能够自己发现一些简捷的方法。

五、余音：琢磨老师为何"盘根究底"

师：老师还有一个问题，教材研究了 2 的倍数，为何要跳过 3 的倍数而直接研究 5 的倍数？

生：因为 2 和 5 的倍数的判断方法是一样的，都是只需要看个位上的数，而 3 的倍数的判断有点复杂，要看各个数位上的数的和。

师：老师的问题，你们帮着解决了。那你们还有什么问题吗？

生 1：为什么要跳过 4 的倍数特征的研究？

生 2：接下去是不是要研究 6、7、8、9 等数的倍数的特征？

生 3：3 的倍数的特征为什么和所有数位上的数的和有关？

……

师：大家提的问题都非常好。布鲁纳曾说："探索是数学的生命线。"我们可以继续去探索，相信这些问题都会被大家逐渐弄明白。

（无锡市新吴区南星小学杨晓红执教）

摸球任务，
"把知识唤醒给你看"
——"可能性"任务驱动式教学实录

一、任务呈现：抽奖游戏→摸球游戏

师：老师先做个调查，如果课上有两种任务，一种是学习任务，另一种是游戏任务，你们喜欢哪一种呢？

生（有大声的，也有小声的）：游戏任务。

师：今天我们用游戏任务来完成学习任务，大家喜欢这样的学习吗？

生（齐喊）：喜欢！

师：你们一定在纳闷，为何这节课男同学和女同学要分开坐，因为这节课男同学和女同学要进行一场大比拼！（出示抽奖箱）里面有 5 个三等奖、3 个二等奖和 1 个一等奖，请男生队和女生队各派一位代表上来抽奖。问题来了，谁先抽呢？

男生队：我们先抽。

女生队：不同意。

师：为什么不同意呀？

女生队：万一他们把一等奖抽走，我们就吃亏了。

师：但抽奖总要有先后呀，要怎么做才公平呢？

生 1：石头剪刀布。

生2：掷骰子。

师：嗯，这些都可以。我们换个玩法——摸球游戏。谁摸到的红球次数多，谁就先抽奖。这样可以吗？

生（齐喊）：可以！（板贴："任务：谁先抽，取决于谁摸到红球的次数多。"）

二、任务活动：摸球游戏→抽牌、转盘游戏

1. 感受简单随机现象中的确定性和不确定性

师：你们想让他们摸哪个袋子里的球来定输赢呢？（PPT 依次出示三袋球）

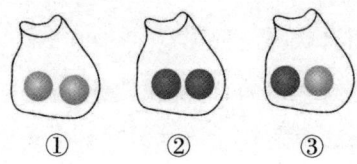

①　　　　②　　　　③

生：3号袋子。

（1）师：怎么没有同学选择两个黄球？（指1号袋）

生1：袋子里都是黄球，我们只能摸到黄球。

生2：不管怎么摸，都摸不到红球啊。

师：不是很公平吗？

生：但分不出输赢啊。

师：嗯嗯。袋子里全是黄球，任意摸一个，是不可能摸到红球的。（板书：不可能摸到红球）

（2）师：不能都是黄球，那就选两个红球啊？（指2号袋）

生1：大家摸到的都是红球。

生2：不管谁摸，摸到的都是红球，也没有办法分出输赢。

师：是的，袋子里都是红球，任意摸一个，摸到的一定是红球。（板书：一定是红球）

（3）师：那在3号袋子里摸球，这个游戏公平吗？

生1：公平。因为都有可能摸到红球。

生2：公平。因为不一定摸到红球，要凭运气。

师："可能"这个词用得真好。你们说可能摸到红球，也有可能摸到黄球。结果是不是这样呢？我们就请两名同学各摸10次来看一看。

①游戏中男生连续摸到两次黄球，每摸出一次，男生队"唉"声一片。

师：你现在的心情怎么样？

男生：不好，我手气太差了。

师：你觉得下一次会摸到什么颜色的球？

男生：可能会是红色，因为已经摸了两次黄球了。

师：一定会摸到红球吗？

男生：不一定，也可能会摸到黄球。

师：试试看。

其他男生一齐喊"红球，红球"，摸球的男生第三次摸球，结果又摸到了黄球，又是"唉"声一片。

师：愿望落空，前面的摸球结果会影响这次摸球吗？

男生：不会。

②女生4次摸球记录：红、黄、红、黄。

师：女生队的摸球结果好有意思，你们觉得她下一次会摸到什么颜色的球？

生1：红色，因为她是红黄红黄地摸的。

生2：不一定，因为下一次摸球跟前面的结果是没有关系的，每一次都有可能摸到红球，也有可能摸到黄球。

师：说得真好！不管是第几次摸球，都有可能摸到红球，也有可能摸到黄球。

游戏结束。男生队：5次红球，5次黄球；女生队：7次红球，3次黄球。女生胜出，男生队又是"唉"声一片。

师：其实在我们生活中，像这样一定发生，或者不可能发生的事件，叫作确定事件；而有可能发生，有可能不发生的事件，叫作不确定事件。今天，我们一起来研究可能性。（板书课题）

师：如果再来一次，男生们，你们有可能扳回一局吗？

男生（欢呼）：有可能！老师，再来一次！

2. 感受简单随机事件发生的可能性有大小

师：好，给你们机会，如果允许在你们男生队的袋子里放一个球，你们想放什么颜色的球？

男生（齐喊）：红球！

师：好，就给你们一个红球，现在再让你们去摸球的话——

女生（忍不住大叫）：我们不同意！这样不公平！

师：怎样不公平了？

女生：他们加了一个红球，摸到红球的可能性就大了。（男生得意地笑）

师：那这样男生就一定会赢吗？

女生：也不一定，因为要靠运气。

师：好，让我们来摸摸看。

4人分工，3人摸球，1人记录，一共摸40次。
摸球成员按顺序，每人任意摸一次，摸完把球放回口袋，每次摸之前都要把口袋抖一抖。

红球		共（ ）次
黄球		共（ ）次

学生汇报：

	男生组一	男生组二	男生组三	男生组四	男生组五	男生组六
摸到红球的次数	27	29	26	25	21	30
摸到黄球的次数	13	11	14	15	19	10

	女生组一	女生组二	女生组三	女生组四	女生组五
摸到红球的次数	19	20	23	28	17
摸到黄球的次数	21	20	17	12	23

师：这次摸球的结果与你们事先想的一致吗？

生1（有点怀疑）：好像有点不一致。第四组女生摸到28次红球，好像太多了。

生2：我认为摸的结果与我们事先想的是一致的，第四组女生摸到28次红球只是凑巧而已。

其他学生表示同意。

师：那女生有可能摸到30次红球吗？（有可能）35次呢？（也有可能）40次呢？（也有可能）只是这种可能性——（非常小）是啊，每次摸的时候，都存在着不确定性。

3. 不断变化，进一步理解可能性有大小

（1）师：给女生队也加一个红球，这样公平了吧？再加一个红球呢，她们摸到红球的可能性就……（变大了）再加一个呢？（又变大了）男生队，你们同意我一直给她们加红球吗？

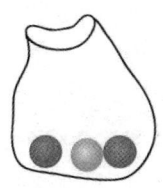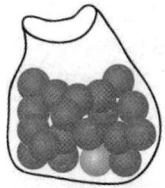

男生：不同意！她们的红球那么多，我们的这么少，那她们99%的

概率赢了。

师：你说了一个新名词——概率，其实就是我们今天讲的——

生：可能性。

（2）师：好。现在男生队和女生队都有 3 个红球 1 个黄球，我给男生队加一个黄球，这样还公平吗？

男生队　　　　　女生队

男生：不公平，我们摸出红球的可能性就会比女生小了。

师：什么原因引发了这样的结果？

男生 1：红球没变，黄球多了。

男生 2：红球的个数没变，总个数多了。

师：看来，摸到红球可能性的大小，不仅和红球的个数有关，还和球的总个数有关。

（3）师：那怎样做才公平呢？

生：两队球的个数要一样多。

师：那给女生队也添上一个黄球，可以吗？（可以）刚刚是给男生队加球，现在，我来给女生队换球……（PPT 演示给女生队拿掉一个红球，换入一个蓝球）

男生队　　　　　女生队

女生（群情激动）：我们不要这样换！

师：为什么这么激动？

女生：红球变少了，我们摸到红球的可能性变小了，不公平。

师：是的，同样是 5 个球，红球少了，那摸到红球的可能性就变小了。那不换女生队的了，给男生队换一个球（用蓝球替换一个黄球），你们满意了吧？

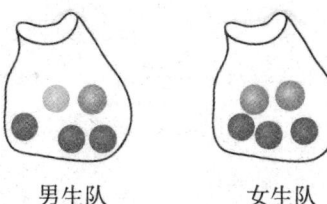

男生队　　　　　女生队

生：满意。我们都有 5 个球，红球的个数都一样，摸到红球的可能性大小没有改变。

师：现在还与蓝球有关系吗？

生：大家都是 5 个球，3 个红球，摸到红球的可能性没有改变，和蓝球没有关系的。

4. 抽牌游戏，比赛规则的多样化变换

师：刚才根据摸球游戏决定谁先抽奖，那抽牌游戏可以决定谁先抽奖吗？

生：只要公平就行。

（1）出示：

男生、女生从中任意摸出一张，摸后放回。女生摸到红桃A赢，男生摸黑桃A赢。

师：游戏规则改成女生摸红桃 A、男生摸黑桃 A，这样定输赢公平吗？

生：红桃 A 是一张，黑桃 A 也是一张，公平。

师：去掉一张黑桃3，现在还公平吗？

生：公平。6张牌变成了5张，红桃A一张，黑桃A也是一张，摸到的可能性还是一样的。

（2）师：如果改成男生摸到黑桃胜出，女生摸到红桃胜出，行吗？

生：不公平了。红桃有3张，黑桃只有2张，摸到红桃的可能性大，摸到黑桃的可能性小。

5. 转盘游戏，学生自主设计比赛规则

师：我们再把摸球、抽牌换成转盘游戏来决定谁先抽。看一看，你们想用哪个转盘来公平地定输赢？

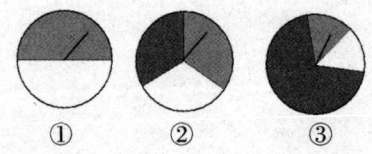

①　　　②　　　③

生1：第一个。

生2：第二个也是可以的。

师：就看第二个转盘，你们能设计一个让男生队和女生队都觉得公平的游戏规则吗？

生1：转到红色的，女生赢；转到黄色的，男生赢。

生2：转到蓝色的，男生赢；转到黄色的，女生赢。

……

师：你们设计的游戏方案不同，为什么都是公平的？

生：三块颜色的大小都相等，转到每块的可能性也都是相等的。

师：第三个转盘为什么不可以？

生1：因为三块颜色的大小不一样。

生2（很是激动）：可以的，可以的！只要不看蓝色，转到红色的，女生赢；转到黄色的，男生赢。

其余学生茅塞顿开。

三、任务完成：摸球、抽牌、转盘游戏→抽奖游戏

师：在前面的摸球游戏中，女生胜出，那我们就让女生先抽奖。

女生队代表抽到三等奖。

师（问女生）：看到这个结果，你们惊讶吗？

女生：不惊讶。因为摸到三等奖的可能性比较大。

师（问男生）：看到这个结果，你们高兴吗？

男生：高兴。我们抽到一等奖的可能性就大了。

师：那你们一定能抽到一等奖吗？

男生：那不一定，有可能是二等奖，还有可能是三等奖。

师：那来看看男生的运气如何。

男生队齐喊"一等奖，一等奖"，结果男生抽到二等奖，男生欢呼。

师：摸球、抽牌、转盘都可以决定谁先抽奖。其实，在生活中，决定大家谁先抽奖，不需要这么麻烦，就像有同学课前说的，还可以通过掷骰子、石头剪刀布等游戏来决定。

（无锡市荡口实验小学范寻梅执教）

"演"活数学模型，
"变"出数学本质
——"相遇问题"任务驱动式教学实录

师：小华和小芳每天步行去上学，他们行走的方向可能是怎样的？

生：可能是这样（手势），也可能是这样（手势）。

师：看来用语言说不清楚，需要演示一下。我们就请两个同学来演一演刚才这个同学所说的"这样"，究竟是怎样的。

两名学生表演：（1）从两个不同的地方往中间的学校走；（2）从同一个地方出发往学校走。

师：这么演一演就明白了。看来，表演有时能把意思表达得更清楚、直观。今天的数学课就从表演开始。请看小华和小芳的上学故事。

出示：小华和小芳同时从家出发去学校，小华每分钟走 60 米，小芳每分钟走 70 米，4 分钟后两人在校门口相遇。他们两家相距多少米？

师：能把这个故事演出来吗？

生：能。

一、第一次表演：初次尝试

师：咱们先招聘一位导演。（选一名学生）请问，你需要几名演员？

生导演：2 名，一个演小华，一个演小芳。（挑选 2 名演员）

师：演员到位，你们要不要先商量一下怎么演？厉害的导演和演员要考虑演员的站位、如何出场，以及把哪些关键信息演出来。其他同学也和同桌商量商量可以怎么演，要注意些什么，如果表演过程中有问题可以提出来。（学生讨论）

师：小华和小芳上学故事现在开演！（导演发口令，演员表演）

师：演出结束，观众来点评一下。

生1：我觉得小华和小芳没有同时出发，一个先走，一个后走。

师：那应该怎样演？

生1：要一起出发。

师：你从哪儿看出来要一起出发的？

生1：我看到"同时"两个字。

师：真会抓关键。

生2：我觉得需要再加一个演员。

师：为什么？

生2：要有个人来演学校，不然他们就不知道在哪里相遇。

师：有道理。

生3：小华和小芳的速度没演好，应该小华慢一点，小芳快一点，最后还要同时到达。

师：看来，观众对你们剧组的表演有不少意见，一场优秀的演出需要演员对剧本精准把握。让我们再来研读剧本。仔细地读一读，剧本中哪些词比较关键？

生1："同时"，说明两人要一起出发。

生2："小华每分钟走60米，小芳每分钟走70米"，说明两人的速度不同。

生3："4分钟。"

师：那说明小华走了几分钟？小芳呢？

生3：小华走了4分钟，小芳也走了4分钟。

生4：我觉得"走向学校"也很关键。

师：说明两人的行走方向是怎样的？用一个词表示？

生4：相对。

生5："相遇"，最后相遇了。

师：相遇的地点在哪里？

生5：学校。

二、第二次表演：把握关键

师：研读过后，再来表演会不会有新的启发呢？来，让我们从准备工作开始。请演员站位。（导演安排演员站位：小华和小芳分别站两端，学校离小华近一些）让我们来看看演员站的位置是否合理。学校为什么不在两人正中间？

导演：因为小华和小芳都走了4分钟，而小华的速度慢，4分钟走的路程就短一些，小芳的速度快，4分钟走的路程就长一些。

师：看来同学们可以通过计算知道两人距离学校的路程是不一样的。小芳家离学校多远？

生（齐）：$70 \times 4 = 280$（米）。

师：小华家呢？

生（齐）：$60 \times 4 = 240$（米）。

师：演员到位，要开始表演了，想一想，首先要把哪个词演出来？

导演：同时。

师：怎样做到同时？

导演：可以喊"预备起"。

师：行。接下来要演出哪些关键词？

导演：速度、时间。

师：两人的速度不同，时间却都是 4 分钟，你们准备怎么演？（导演思考）

生：我觉得可以让小华的一步跨小点，小芳的一步跨大点，每人都跨 4 步表示 4 分钟。

师（对导演和演员）：这个主意真好。为了演得更到位，给导演一个建议——每一步都给个口令，比如预备起、第一分钟、第二分钟……

导演：行。

师：小华和小芳上学故事再次开演！（演员第二次表演）

（导演口令：预备起——第一分钟——第二分钟——第三分钟——第四分钟——相遇）

三、第三次表演："演""画"结合

师：精彩极了！这么精彩的表演想不想记录下来？（想）接下来让我们再来回味一遍，请观众把表演过程记录下来。想一想用什么方法记录既准确又简洁。

生：画线段图。

师：好，就用画线段图的方法记录。演员准备站位，小观众要不要做记录准备？

生：要的，要先画好小华、小芳和学校的位置。

师：请准备。

（演员第三次表演，其余学生画图记录）

师：同学们的记录都很有个性，让我们来一起看看。（出示图 1）这里 1、2、3、4 的小半圆是什么意思？

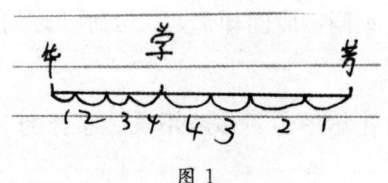

图 1

生 1：小华那边的小半圆表示小华的速度，小芳那边的小半圆表示小芳的速度，1 到 4 表示走了 4 分钟。

生 2：图画得很好，但是小华和小芳的速度不知道。

师：说得对。记录的时候不仅要把图画准确，还要尽可能把速度、时间等关键信息记下来。

师（出示图 2）：再看这位同学记录的，位置正确吗？（生点头）关键信息都有吗？（生点头）

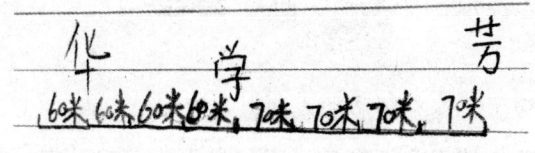

图 2

师：用电脑也可以用这种简洁的方式来记录。（课件分步出示）先确定什么？

生：两人的出发地点和学校。

师：学校靠近哪边？依据是什么？

生：学校靠近小华，因为小华 4 分钟走的路程短。

师：接下来要解决什么数学问题？（他们两家相距多少米？）

这样，一张完整的线段图就画好了。（如图 3）你能看着图说说条件和问题吗？

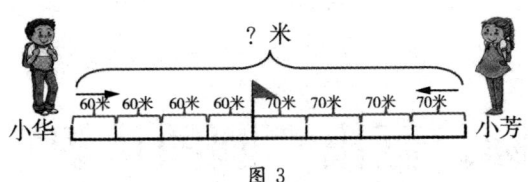

图 3

（无锡市荡口实验小学王洁执教）

多次画圆，画出"圆的认识"

——《圆的认识》任务驱动式教学实录

一、任务表现

（一）第1次画圆：利用圆形物体画圆

师：同学们，课前老师为大家准备了一张白纸，你能试着用不同的方法画出圆吗？看看谁的方法多。（学生操作）

师：有没有同学是用身边的圆形物品画的？

生1：我是用硬币画的。

生2：我是用量角器画的。

师：你能说说你画的圆和以前我们画的三角形、长方形、正方形、平行四边形、梯形等有什么不一样吗？

生：三角形、长方形、正方形它们都是线段组成的，圆是曲线，是弯曲的。

（二）第2次画圆：用圆规画一个圆

师：还有没有同学用不同的方法来画圆的？

生：我是用圆规画的。

师：圆规是我们画圆的专门工具。拿出你的圆规，看一看，它像什么？像不像一个人？

生齐：像！

师：这是圆规的头，这是圆规的两只脚。（转一转）下面就请大家试着用圆规画一个圆。（投影展示一个学生画得不理想的圆）

师：这个圆画得圆吗？

生：不圆。

师：这可能是什么原因造成的？

生1：是装有针尖的脚动了。

生2：他画的时候可能两脚间的大小变大了。

师：你觉得用圆规画圆时要注意些什么？

生1：针尖不能移动，要固定好。

生2：两脚间的距离要固定好，画的时候不能一会儿大一会儿小。

生3：拿圆规的姿势要正确。

（三）第3次画圆：在别的地方再画一个圆

师：知道了这些需要注意的事项，现在就请大家再来画一个圆，这次你会正确地画一个圆了吗？（学生画圆）

师：比较一下刚才画的两个圆，你是怎样使它们不在一个位置的啊？你在画圆时都是先确定什么的位置？

生：我是先确定针尖的位置，针尖在哪里圆就画在哪里。

师：圆规画圆时针尖留下的点，就是圆心，可以用字母O表示。圆心决定圆的位置。下面看老师来画一个圆，（画到一半）像我这样继续画，会出现凹凸的圆形吗？

生：不会。

师：会画成椭圆形吗？

生：也不会。

师：为什么？

生：您做到了圆规两脚间的距离不变。

师：也就是哪里到哪里的距离不变？

生：就是从这儿（手指圆上的点）到这儿（手指圆心）的距离没有变。只要距离不变，就一定能画得圆。

师：刚才指的这个距离你能用一条线段表示出来吗？（学生板画）

师：有谁知道这条线段的名称？

生：我知道，这条线段叫作半径，可以用小写字母 r 表示。（教师随即板书，要求每位学生在画的圆中画出一条半径，用字母 r 表示）

师：半径有哪些特征，你们知道吗？

生 1：圆的半径能画很多条。

师：其实，圆有无数条半径，因为圆上有无数个点。

生 2：半径的长度都一样。

师：怎样证明？

生 2：量一量。（生操作量半径）

师：如果不量，怎样证明？

生 3：半径就是圆规两个脚之间的距离。

师：对，画圆时圆规两个脚之间的距离不变，所以半径的长度都相等。

（四）第 4 次画圆：画一个和刚才不一样大的圆

师：现在，老师又要提高难度了，你会画一个和刚才不一样大的圆吗？（学生画圆）

师：比较一下现在画的圆和刚才画的圆，它们的半径相等吗？

生：不相等。

师：刚才不是说半径长度都相等吗？

生：因为它们不在同一个圆里。

师：所以，"半径长度都相等"有一个前提条件，是什么？

生：要在同一个圆里。

（五）第 5 次画圆：画一个半径是 3 厘米的圆

师：同学们，刚才我们画了两个不一样大的圆，如果现在要全班同学画同样大的圆，该怎么办？

生 1：大家圆规两脚间的距离必须都一样大。

生 2：圆的半径都一样大。

师：那接下来就请大家画一个半径是 3 厘米的圆。（学生画圆）

师：如果我把其中一条半径延长（换一种颜色），相交于圆上一点，仔细观察，这条线段又有什么特点呢？

生 1：它由 2 条半径组成。

生 2：它经过圆心，两个端点都在圆上。

生 3：它叫直径。

师：对，像这样经过圆心并且两端都在圆上的线段叫作直径，通常用字母 d 表示。请同学们在刚才画出的圆中画一条直径，并用字母表示。

师：用字母怎样表示直径和半径的关系呢？

生 1：$d=2r$。

生 2：$r=\dfrac{d}{2}$。

师：是啊，从名称上我们就可以知道，"半径"就是"直径的一半"。如果一个圆的直径是 10 分米，那么它的半径是多少？

生：半径是 5 分米。

师：如果半径是 10 分米，直径就是……

生：直径就是 20 分米。

师：下面就请同桌互相考一考对方，一个说半径，一个说直径。

师：既然直径和半径有着紧密关系，那么你能根据半径的特征说出直径有什么特征吗？

生 1：同一个圆里半径都相等，所以同一个圆里直径也都相等。

生 2：同一个圆里半径有无数条，所以同一个圆里直径也有无数条。

（六）第 6 次画圆：画一个直径是 6 厘米的圆

师：半径 3 厘米的圆会画了，现在要画一个直径 6 厘米的圆，你会吗？（学生画圆）

师：请问，你们为什么不画呀？（发现有一些学生不画）

生：因为直径 6 厘米的圆就是刚才画的半径 3 厘米的圆。

二、任务深化

师：刚才我们一共画了 6 次圆，我看到有的同学已经画得很熟练了。接下来，我们要来做一个找一找的游戏。请同学们拿出刚才的圆片，你有没有办法一下子找出它的直径？（学生探究）

生：我是通过把圆片对折找到的。

师：嗯嗯，通过对折我们还发现什么？

生：圆是轴对称图形。

师：对，它的对称轴就是直径所在的直线。那么圆有多少条对称轴呢？

生（齐）：无数条。

师：找到了直径，怎么一下子找出半径呢？（学生探究）

生：可以再对折，还可以量。

师：通过对折两次，我们其实找到了 4 条半径，观察一下，从圆片中我们还能找到什么？

生：我们还能找到圆心。

师：在哪里？

生：在直径的相交处。

（课件出示一个圆）

师：圆片上的直径、半径和圆心会找了，现在我要在这个圆上找直径，还能用折的方法吗？

生（齐）：不能了。

师：那该怎么办？同桌讨论一下。

师：我们来看看图上是怎么找的。拿出一把尺，零刻度对准圆上一个点，这是圆的直径吗？

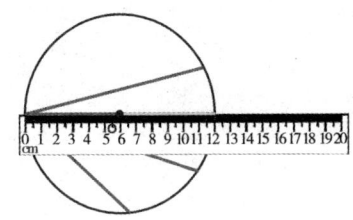

生（齐）：不是。

师（尺往上移一些）：现在这条呢？

生（齐）：不是。

师：再往上移，这条呢？

生齐答：不是。

师：想一想，怎样可以找到直径？

生：最长的那条才是直径。

师：对，直径是圆内最长的线段。

师：找到了直径，半径可以怎么找呢？

生：半径就是直径的一半。

师：那圆心在哪里呢？

生：圆心就在直径的中间，把直径平均分成两份。

三、任务延伸

（七）第 7 次画圆：操场上画圆

师：同学们，要在操场上画一个大大的圆，用圆规还行吗？

生齐：不行。

师：那怎么办呢？我们来看看体育老师是怎么画圆的。

（无锡市新吴区南星小学周梦潇执教）

与"生活"结缘，
与"任务"结盟

——《按比例分配》任务驱动式教学实录

一、任务缘起

师：小张和小李合伙开店，去年的可分配利润为 24 万元。每人分得多少钱？

生：24÷2＝12（万元）。

师（边画线段图边说）：把 24 万元平均分成两份，一份给小张，一份给小李，每人分得同样多，十分公平。这种分法不妨称为"平均分配"。

不过小李却不赞成这方案，为什么呢？（出示：小张投资 30 万元，小李投资 50 万元）看到这个信息，你还认为每人都应分 12 万元吗？

生：小李投的钱多，分的也应该多一些。

师：是啊，投入得多，贡献大，自然也应该分得多，这完全合乎情理。那么小李究竟应分多少呢？这是一个值得研究的数学问题。让我们聚焦两人的投资额，搜索下脑中的数学概念，想想怎么来表示 30 和 50 这两个数之间的关系？

生：30∶50。

师：谁来具体说说 30∶50 的意思？

生：小张和小李投资额的比是 30∶50，可以化简为 3∶5。

师：这 3∶5 不仅是小张和小李投资额的比，也可以看作什么的比？

生：分配利润的比。

二、任务探究

师：具体算算每人应分得多少钱。

生 1：24÷（3＋5）＝3（万元）。小张：3×3＝9（万元）。小李：3×5＝15（万元）。

生 2：3＋5＝8。小张：$24×\frac{3}{8}＝9$（万元）。小李：$24×\frac{5}{8}＝15$（万元）。

师：这个方法比较特别。如何更直观地让别人理解你的想法呢？

生 2：我们可以画线段图来表示。把 24 万元看作单位"1"，小张分得的利润占 24 万的 $\frac{3}{8}$，小李分得的利润占 24 万的 $\frac{5}{8}$。

师：这个结果是否正确，如何检验？

生：9＋15＝24（万元），9∶15＝3∶5。

师（小结）：你觉得这种分配方法合理吗？取个名字？

生：按比例分配。

三、任务拓展

师：把一个数量，按一定的比例来分配，在现实生活中，你留意过吗？（出示：王大伯家的鱼塘，计划一共放养鱼苗 2500 条……）猜一猜，这 2500 条鱼可能会按什么来分配放养？

生：大小、品种……

继续出示：按 2∶3 放养青鱼和鲢鱼，两种鱼各放养多少条？

学生计算。

师：除了根据鱼的品种，在不同的季节也可能会采取不同的放养比例。

改变题目出示：王大伯家的鱼塘，计划一共放养鱼苗 2500 条，按 2∶3 分别在冬季和春季放养，其中冬季、春季各放养多少条？

学生不愿动笔，直接口答。

再次改变题目：王大伯家有两个鱼池，计划一共放养鱼苗 2500 条，小鱼池和大鱼池的面积比是 2∶3，小鱼池、大鱼池各放养多少条？

学生口答。

出示：妈妈用橙汁和水调制 300 毫升的饮料。橙汁与水的体积比是 2∶1，需要橙汁多少毫升？水多少毫升？

学生计算、核对。

四、任务梳理

师：几道题的要求完全不同，可我们解题的思路却有相通之处。

生：都要先求出总份数，再看每一部分占总份数的几分之几。

师：然后找到总数量……

生：把它看作单位"1"，求单位"1"的几分之几。

师：你觉得"按比例分配"与"平均分配"是完全不同的方法吗？

生：都要平均分。

师（指向平均分配的线段图）："平均分配"时可以看作按几比几计算？

生 1∶1∶1。

生 2："平均分配"可以看作"按比例分配"的特殊情况。

五、任务延伸

师："合伙人"的故事并没有结束，第二年小王也加入了投资行列，投资 40 万元。如何"按投资额分配"？同桌讨论一下！

生：小张、小李和小王按 3：5：4 分配。

师：对比一下，这次的情况与刚才的情况有什么不同？有什么相同？

生：刚才是两个量的比，现在是三个量的比。

生：都已知总数、按比例分成几部分，都可以看作占总数的几分之几。

师：有没有总数要按比例分成四部分、五部分甚至更多的情况？

出示：总务处给六年级发 780 本数学本，六（1）班有 42 人，六（2）班和六（3）班都是 43 人，六（4）、六（5）和六（6）都是 44 人，按照人数，六（6）班应发多少本？

学生只列式不计算。

师：看来，数学与生活的确息息相关，在生活中存在着很多需要合理分配的情况，有按投资额分配的，有按人数分配的，有按面积分配的。想一想，你在生活中见到过其他类似的情况吗？

生：科学家做实验，需要注意各种溶液的配比。

师：是啊，初中学习《化学》时你一定会有更深刻的感受。

师（边演示课件边叙述）：妈妈要合理分配工资，老是买买买会变成月光族；爸爸要合理分配股票资金，投资有风险，"不要把所有的鸡蛋都放在一个篮子里"；对于我们每个人来说，时间都是公平的，每天都是 24 小时，我们要是也能学着合理分配时间，就能高效地解决学习、工作中的问题，也许还会有时间做自己喜欢的事情。

（无锡市荡口实验小学夏映雪执教）

做成项目，
给综合实践活动装上"引擎"

——综合实践《树叶中的比》任务驱动式活动实录

师（展示公园里介绍各种树的标牌）：如果我们要给校园里的树制作一张介绍树叶的标牌，你会怎么做呢？

出示项目任务：$\boxed{制作树叶的标牌}$

生：要知道是什么树的树叶，观察它的大小、形状、颜色……

一、课前：观察与收集任务

1. 观察校园中的树叶，并收集与树叶相关的资料。

2. 以小组为单位采集树叶 10 片，要求同组采集同一种树的树叶，并且这 10 片树叶的大小要不同。

二、课中：探究与制作任务

（一）任务聚焦：出示主题

师：课前布置同学们分组去调查校园中的树，并请大家收集了树叶的相关资料。有哪个小组愿意将你们整理的信息与大家分享一下？

学生汇报展示制作的各种各样的海报：

  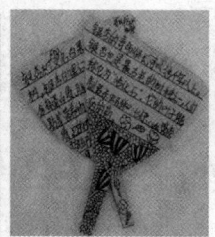 

师：同学们介绍的都是文学或者医学方面的信息，如果从数学的角度出发，还可以怎样介绍这些树叶呢？

补充完整项目任务： 用数学的方式制作树叶的标牌

（二）任务探究：多向思考

1. 观察实物，提出问题

师：这是从校园中采集的 8 种树叶，你认识这些树叶吗？把你认识的树叶告诉大家。

师：仔细观察这些树叶，看看它们的大小、形状有什么不同。不同树叶的大小、形状区别在哪里？相同树叶的形状、大小又有怎样的联系？在小组里互相说一说。

生 1：这些树叶有的大有的小，有长的、圆的、宽的……

师：树叶有大有小，而且形状各不相同。

生 2：桑树叶是圆的，桃树叶是细长的，银杏树叶像一把扇子，枫树叶有好几个叶瓣……

师：看来不同的树，树叶的形状一般不同。

生 3：槐树的叶子形状都差不多，只不过有的叶子大一些，有的叶子小一些。

师：确实，同一种树叶，虽然每片大小不同，但形状却十分相似。

师（小结）：树叶有大有小，形状各不相同；不同的树，树叶的形状一般是不同的；相同的树，树叶虽然大小不同，但形状相似。

2. 初步猜想，确定路径

师：猜一猜，从数学的角度看，你觉得树叶的形状可能是由它的什么决定的？

生 1：可能与树叶的长和宽有关。

生 2：可能由面积决定。

师：面积就是由长乘宽得到的，也就是由树叶长和宽的乘积决定。

生 3：也有可能是树叶一圈的长决定的。

师：一圈的长也就是树叶的周长，也可以说是由树叶长和宽的和决定的。

生 4：也可能与长和宽的差或者商有关吧。

师：不排除这种可能，商也可以说是长和宽的比值。

3. 介绍长宽，明晰概念

师：在研究之前我们先要弄清楚树叶的长和宽分别指的是什么。有谁能介绍一下吗？

在学生介绍的基础上教师示范：以柳树叶为例，树叶的长一般要沿树叶主叶脉的方向进行测量，量出最长距离，注意不含叶柄；树叶的宽一般要沿与主叶脉垂直的方向进行测量，量出最宽处的距离。

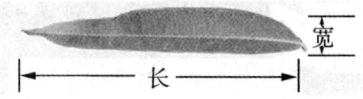

师：谁来比画一下银杏树叶的长和宽？枫树叶呢？

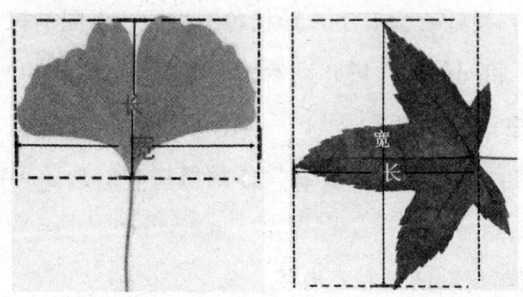

（三）任务协作：发现规律

1. 小组合作

每组测量同一种树叶 10 片：①号学生负责记录数据；②号、③号学生负责测量树叶的长和宽；④号学生负责检查②号和③号的测量是否准确；其他同学分别计算长和宽的和、差、积、比值；活动结束后，观察表中数据，并将发现记录下来。

2. 多维比较

（1）相同品种树叶比较

师：你们组测量的是哪一种树叶，比较每片树叶长与宽的和、差、积、比值，哪一组数据差距较小，相对比较稳定？平均值是多少？（各小组上台汇报，并将数据记录在黑板上）

生 1：我是第一小组的成员，我们组研究的是柳树叶，通过测量与计算，我们组发现柳树叶长和宽的比值都比较接近，所以我们觉得树叶的形状是由长和宽的比值决定的。

生 2：我们第二小组研究的是枫树叶，我们也觉得枫树叶的形状是由长和宽的比值决定的。因为我们通过测量与计算，发现枫树叶长和宽的比值都比较接近。

师：其他小组也有类似的发现吗？

生 3：是的，我们也发现树叶长和宽的比值都比较接近。

师：通过测量计算、观察分析，每个组都从众多数据中找到了相对接近的量——比值。看来树叶的形状和树叶长和宽的比值有很大的关系，因为同一种树叶长与宽的比值都比较接近。

（2）不同品种树叶比较

师：请各组将研究得到的平均比值贴在黑板上。仔细观察，对照它们的比值和树叶的形状，你有什么发现吗？小组里先说一说。

生1：桑树叶的比值只有1.19，而柳树叶的比值却是8.14，它们的比值差距有点大，形状的差距也有点大。

师：是的，看来不同品种的树叶长与宽的比值一般是不同的。

生2：也不是完全不同，就像槐树叶和香樟树叶，它们虽属不同品种，比值都比较接近，槐树叶的比值是2.04，而香樟树叶的比值是2.97，它们的比值很接近，它们的形状都是有一点宽宽的，长得有点像。

生3：枫树叶和银杏树叶的比值更接近，一个是0.68，一个是0.8，只差了大约0.1。形状上虽然完全不一样，很容易区分，但如果把它们的长和宽组成一个长方形来看，都是有点胖胖的。

师：观察得真仔细，看来比值越接近，树叶的形状也越相似。

生4：我还发现枇杷树叶、桃树叶、柳树叶的比值都很大，但是树叶却长得很瘦；像枫树叶、银杏树叶、桑树叶的比值都很小，但树叶却长得很胖。

师：你形容得可真生动！的确，树叶的形状与它们长和宽的比值有关：同一品种树叶的比值都比较接近；比值接近的不同品种树叶，形状也相似。

（3）排列树叶，揭示奥秘

师：根据我们刚才的发现，你能将这8片树叶按一定的规律排一排吗？你是怎么想的？

生：我是根据比值从小到大排的，按这样的排序，树叶越来越细。

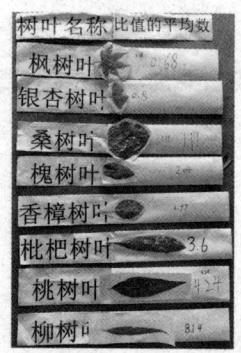

师：看来，树叶长与宽的比值越大，树叶就越狭长。

师：像这样排列，如果给你一个自由选择的机会，在第 9 个位置上，你会摆上什么树叶？

生：比柳树叶还要细长的树叶。

生：松树的叶子。

师：你怎么想到松树的叶子的？

生：因为松树的叶子像一根针，它长和宽的比值会更大。

师：你们很善于观察和思考！确实，长和宽的比值越大，树叶就越狭长。

3. 回顾反思

师：通过刚才的研究活动，你有什么收获？

生 1：原来树叶中藏着这么多有趣的数学知识。

生 2：我们在小组合作学习中，学会了观察、比较、分析，并且我们还发现了生活中有趣的数学现象。

师（小结）：是的，自然界中隐藏着很多有趣的规律。只要我们善于观察和思考，就能发现和提出生活中的数学问题。

（四）任务完成：制作标牌

1. 讨论制作方法

师：通过研究，我们发现了树叶的形状和树叶长与宽的比值是有关系的。根据这一发现，该如何制作树叶标牌呢？

师（出示银杏树叶形状的标牌）：它跟普通的银杏叶一样大，你觉得怎么样？

生1：标牌的样子跟银杏叶长得很像，我觉得很漂亮。

生2：样子是不错，但是标牌太小了，如果挂在树上会看不清标牌上的信息。

师：你们的意见非常好，介绍什么树叶就做成什么树叶形状的标牌，这样的标牌很有意思。只是做得跟真实的叶子一样大就太小了，我们可以把标牌做大一些，让每个看到的人都能了解树叶的信息。那你认为可以怎样改进呢？

生2：我觉得可以将树叶的长和宽都放大。

师：你觉得应如何放大？

生2：把长和宽都画得大一些。

生3：我觉得随意放大可能会导致树叶的形状发生变化，我们可以根据树叶长和宽的比值来放大。

师：有道理，那我们现在就以柳树叶为例做标牌。每个小组都准备了一张卡纸，要合理利用卡纸的长度和宽度，你觉得应该怎样制作？

生4：柳树叶比较狭长，竖着制作比较合适。

生5：我量了一下，卡纸的长度大约是30厘米，可以将30厘米作为柳树叶标牌的长，然后根据比值算出宽大约是几厘米。

师：利用比值与卡纸的长度，就能设计出合适的柳叶标牌。那如果要制作银杏树叶的标牌，又可以怎样设计呢？

生6：银杏树叶的长比宽短，我觉得可以把卡纸的长作为银杏树叶标牌的宽，然后根据比值确定银杏树叶标牌的长。

师：可以结合卡纸的大小，根据树叶的实际形状及树叶长和宽的比值，合理设计树叶的标牌。

2. 尝试制作标牌

各小组制作树叶标牌，要求：①根据纸张的大小合理设计标牌大小；②标牌的形状要和小组研究的树叶形状相同；③从数学的角度介绍树叶。

组内成员自行分工：测量计算、描线画图、设计介绍语等。

三、课后：分享与挂牌任务

1. 组际交流作品

师：哪个小组将自己组内设计的树叶标牌跟大家分享一下？

生1：我们组做的是柳树叶标牌，我们用足了卡纸的长度30厘米，然后根据柳树叶长与宽的比值8.1，计算得出柳树叶标牌的宽大约为4厘米。我们的介绍语是："我是柳树叶，长得细细长长的，那是由我的长和宽的比值决定的。"

师：其他小组对柳树叶标牌有没有什么意见和建议？

生2：我觉得整个形状设计得还可以，不过为了美观建议可以用颜色装饰一下，叶子周围可以用一些花纹修饰一下。

师：好主意，用颜色和花纹装饰就能使树叶标牌更美观。

生3：我觉得介绍语可以再详细一些，比如讲清楚比值是多少，还有可以告诉大家每一片柳树叶形状都差不多，这是由树叶长和宽的比值决定的。或者可以将树叶的其他功能放入介绍中。

师：介绍标语既要重点关注数学在生活中的应用价值，也可以关注其他方面的实用价值，这样我们的标牌就会更完美。

生4：我觉得还可以在树叶标牌的两端或者是中间预留出一小部分，到时候打上孔、穿上线，就可以悬挂到树上了。

……

2. 修改完善作品

师：请各组根据大家的意见和建议，修改本组制作的树叶标牌，包括叶边的装饰、标语的完善、挂绳孔的设计等。

学生分小组修改完善自己的作品，组与组之间可以讨论，就某些制作细节互相指点与帮助。

3. 悬挂分享标牌

师：小组完成制作任务后，把树叶标牌悬挂到校园里相应的树上。要求组长分工挂好标牌、拍好照片、录好视频，既将发现与成果分享给其他小组，同时又能让全校每一位老师和同学看到我们的作品。

4. 活动体验分享

师：通过制作树叶标牌，你有什么收获吗？

生1：我们小组自己制作出了树叶标牌，很有成就感。

生2：我很喜欢这样的活动，不仅学到了数学知识，还锻炼了动手能力。

生3：这样的任务，不仅让我们更了解、热爱我们的校园，也能让其他年级没有参与这个活动的同学和老师更深入地了解我们的学校。

……

（无锡市坊前实验小学庄治新执教）